Symbolik

Eine Anleitung zum Verständnis symbolischer Zeichnungen Figuren und Handlungen

Friedrich Schwab

Verlag Heliakon

Verlag Heliakon

Umschlaggestaltung: Verlag Heliakon

Druck und Vertrieb: BoD - Books on Demand, Norderstedt

www.verlag-heliakon.de
info@verlag-heliakon.de

ISBN: 9783943208-89-4

Die Deutsche Nationalbibliothek verzeichnet diese Publikation in der Deutschen Nationalbibliografie; detaillierte bibliografische Daten sind im Internet über dnb.de abrufbar.

Inhaltsverzeichnis

Motto:
„Alles Vergängliche ist nur ein Gleichnis."

Goethe

1. Einleitung

Symbolik, in religiösem und ernstem Sinne aufgefasst, war von alters her das Mittel, höhere Wahrheiten zu schildern, da man mit Worten nicht Dinge beschreiben kann, für die es eben keine Worte gibt. An ihrer Statt setzte man also eine Art Bildersprache, in welcher ein geheimer Sinn verborgen war für den, der den nötigen Tiefblick hatte, diesen Sinn zu erkennen; oder eine Zeremonie, eine symbolische Handlung, deren Zweck war, gewisse höhere Wahrheiten dem Menschen in Erinnerung zu bringen. Wer nun diesen Tiefblick nicht hatte, dem war nicht zu helfen; denn wer in Symbolen eine religiöse Wahrheit nicht erfasst, der erfasst sie meistens in Worten noch viel weniger. So ist es auch heute noch. Es bleibt deshalb für den Unwissenden nichts anderes übrig, als mit aller Energie, mit seinem ganzen Wesen nach dem Licht zu trachten. Jeder kommt zur Erkenntnis, wenn er nur ernstlich will, wenn er nur die Energie erzeugt, die behagliche Ruhe der Denkfaulheit zu unterbrechen.

Symbole sagen viel mehr als Worte; ja mit Symbolen lässt sich schließlich alles sagen. Die symbolische Sprache ist deshalb die höchste Sprache, die es gibt, ja sie ist die einzig wahre Sprache, die es gibt. Übrigens – sind Worte und Buchstaben nicht auch nur Symbole? – ja, sie waren es einst, sind aber jetzt verwildert, sie sind nur noch Symbole von Symbolen, und das nicht einmal mehr, und wer könnte diese verstehen. Sicherlich leben wir heute in einer allgemeinen Sprachenverwirrung, die wohl bis Ende des Kali-Yuga (schwarzes Zeitalter) andauern wird. Ursprünglich war die Schrift identisch mit reiner Symbolik, heutzutage ist sie eine Erfindung. Ebenso verhält es sich mit der Sprache. Ursprünglich bezeichnete Klang, Rhythmus, Vokalisierung und Buchstabenzahl genau den Gegenstand, auf den sich das Wort beziehen sollte, d. h. die rhythmischen Äther-Schwingungen, die durch das Aussprechen der Worte hervorgerufen werden, waren den Dingen verwandt, auf die sie sich bezogen. Heutzutage sind sie es nicht mehr. – Die Sprache ist aus der Intuition* des Menschen geflossen, sie war das Produkt einer göttlichen Kraft im Menschen, ja das *Wort* war selbst eine mystische Kraft. Es ist deshalb leicht einzusehen, dass es einst, als der nörgelnde Verstand die Intuition noch nicht überflügelt hatte, nur eine Sprache unter den Menschen gab, wovon unsere modernen Sprachen nur Trümmer und ausgeartete Überbleibsel sind.

Über Symbolik im Allgemeinen ist in neuerer Zeit noch wenig geschrieben worden; und das, was kundgegeben wurde, liegt meistens in Werken zerstreut, deren Zweck ein sehr verschiedener ist, und erstreckt sich daher nur auf eine besondere Anwendung und Gattung oder auf ein besonderes System von Symbolen. Aber nichtsdestoweniger, wenn ein Werk geschrieben werden sollte, das ausschließlich der Sammlung und Erklärung von Symbolen gewidmet ist (es gibt einige solche), so könnte ein solches das Thema doch nicht Vollständig erschöpfen; denn der Begriff *Symbole* schließt Unendliches in sich.

Dies ist selbstverständlich, sobald wir einsehen, dass die Sprache in Symbolen die Sprache der Natur, vielmehr die Sprache der Gottheit in der Natur ist, und somit jedes Ding in der Natur ein Wort oder Buchstabe in der großen Universalsprache bedeutet. Bei eingehendem Studium oder Nachdenken wird der Leser auch finden, dass die meisten Symbole der Religionen, der Mystiker und geheimen Bruderschaften, usw., Bruchstücke oder Kopien aus dem Buch der Natur sind, die ins Endlose erweitert und fortgesetzt werden könnten, weil eben die Mannigfaltigkeit der Natur selbst endlos ist. Es kann sich deshalb auch hier in dieser kleinen Abhandlung unmöglich darum handeln, alles auf dem Gebiete der Symbolik zu erschöpfen; es scheint jedoch einem allgemeinen Bedürfnis zu

*) Unmittelbares, inneres Schauen, Innewerden, Erleuchtung.

entsprechen, wenn einmal der Versuch gemacht wird, die Sprache der Symbolik von verschiedenen Systemen zu ordnen, verschiedene Symbole in Bezug auf ihre innere Bedeutung zu erklären, sie dadurch zu vergleichen und auf die eine Wahrheit hinzuweisen, die ihnen allen zugrunde liegt. Aber auch dies in einem großen Maßstabe zu tun, verbietet der Umfang dieser Schrift; indessen wird letztere vielleicht zum Vorläufer eines späteren, größeren Werkes über dieses Thema.

2. Theosophie und Symbolik

Das Wort *Theosophie* ist griechischen Ursprungs und heißt auf Deutsch Gottesweisheit oder Gotteserkenntnis. Gotteserkenntnis kann es nur eine geben und deshalb wäre es ein Unding, von indischer, amerikanischer oder deutscher Theosophie zu reden, ebenso wie es keine besondere buddhistische oder christliche Theosophie geben kann. Gott ist das universelle, alldurchdringende Bewusstsein. Er ist das Wesen aller Dinge. Aber er ist nicht die Natur oder das Weltall selbst, sondern die Natur und das Weltall sind die Offenbarung Gottes. Jedes Ding und Geschöpf im Weltall ist eine Offenbarung Gottes, eine Wiederspiegelung des einen unendlichen, ewigen Geistes. Aber solcher Wiederspiegelungen gibt es unzählige. So wie die Sonne sich in tausend Tautropfen als tausend kleine Sonnen wiedergibt, so ist das göttliche Allbewusstsein in unzähligen Einzelformen widergespiegelt. So wie allen Goldformen, Goldringen oder Kronen das Gold zugrunde liegt, während die betreffenden Formen nur Vorstellungen sind, so ist auch jedem Wesen das Universalwesen zugrunde liegend, während die Einzelform nur eine Illusion ist.

Aber so wie es Feuer im Allgemeinen nur ein einziges gibt und es überall austreten kann, wo die nötigen Bedingungen herrschen, so ist das Gottesbewusstsein oder die Theosophie nur eine einzige, die in jedem Wesen erwacht, wenn in ihm die nötigen Bedingungen gestellt sind. Also in jedem Wesen liegt die Gottheit verborgen, kann sich aber nur insoweit offenbaren als es der jeweilige Entwicklungsgrad zulässt; aber Theosophie gibt es nur eine.

Theosophische Wahrheiten (im Grunde genommen gibt es ja nur Eine) wurden zu allen Zeiten symbolisiert, sind schon symbolisiert in der Natur, wie wir nachher sehen werden. Es wurden diese Symbole durch das geistige Auge erkannt und zu einer gewissen

mystischen Sprache verwendet, – von all denen, die sie verstanden. Diejenigen, deren geistiges Auge geöffnet ist, haben deshalb keine äußere Deutung und Erklärung nötig, um diese Symbole zu verstehen, sie verstehen sie intuitiv, denn sie verstehen die Sprache der Natur, und die religiöse Symbolik ist eben die Sprache der Natur. Alle wahren Symbole sind deshalb auch ausdauernd, weil sie nicht vom menschlichen Intellekt erfunden worden sind.

Nicht erfunden wurden sie, sondern gefunden. Die ältesten religiösen Symbole sind aus diesem Grunde unzweifelhaft die bedeutungsvollsten und tiefsten, weil sie sich durch so große Zeitalter hindurch erhalten haben. Eine Zusammenfassung einiger dieser ältesten und wichtigsten Zeichen bildet das Siegel der Theosophischen Gesellschaft, auf dessen Erklärung wir zuerst eingehen wollen.

Alle Dinge, jedes Wesen, alles Vorhandene, vom Weltkörper bis herab zum kleinsten Stoffteilchen, zum unwahrnehmbaren Atome ist eine Dreiheit von Kraft, Stoff und Bewusstsein. Alles, was sich nur denken lässt, besteht

1) aus einem Stoff, aus Materie, sei sie nun organisch oder anorganisch. Aber in jedem Ding, sei es nun organisch oder anorganisch, ist

2) eine Kraft oder Energie enthalten, die in ihm wirkt, und sei es nur die gegenseitige Anziehungskraft der Atome;

3) ist außerdem auch in jedem Ding Bewusstsein, d. h., die Energie in ihm hat eine bestimmte Richtung und sei es nur die Wahlverwandtschaft bei den Mineralien und chemischen Verbindungen. Also alles, jedes Ding im Weltall ist eine Dreiheit. Es lässt sich nichts, auch kein unsichtbares Ding vorstellen, das nicht diese drei Eigenschaften hätte: Stoff, Kraft und Bewusstsein oder Willens-

richtung. Aber alles Vergängliche ist nur ein Gleichnis. Jedes Einzelwesen ist eine zeitliche und räumliche Wiederspiegelung des Einen alldurchdringenden ewigen Geistes. Denken wir uns

1) den Stoff verfeinert und verflüchtigt, so wird er immer größere Dimensionen annehmen; denken wir ihn unendlich vergeistigt, so wird er die Unendlichkeit umfassen, und nun sind wir bei dem Universalstoff angekommen, aus dem alle Stoffe stammen und dies ist die ewige stoffliche Offenbarung des Allgeistes, die nie verkleinert werden kann, es ist der Körper des göttlichen Geistes, alle andern Stoffe sind nur Zustände oder Reflexionen desselben. Denken wir uns

2) eine Kraft, so sehen wir, dass sie nur die Form von einer noch feineren Kraft ist, also an sich selbst nur scheinbar existiert. Jede Kraft ist auf eine andere zurückzuführen, z. B. die Bewegung einer Maschine geschieht durch die in ihr treibende Dampfkraft, aber diese ist nur eine Folge der in ihr weilenden Hitze. Hitze und Wärme ist eine Folge der in ihr weilenden Elektrizität und des Magnetismus. Dieselben sind schließlich auf den Sonnenäther zurückzuführen, usw. Dies geht so weiter, bis wir schließlich bei einer alldurchdringenden unveränderlichen Energie anlangen, von der alles ausgeht und zu der alles zurückkehrt.

Es weiß auch jedermann, dass im Universum in Wirklichkeit keine Kraft verbraucht wird oder verloren geht, dass das Universum auch keines Zuwachses von Kraft fähig ist. Aber die verschiedenen Formen und Arten der Kraft verändern sich, kommen und gehen, beginnen, lösen sich wieder auf, d. h. sie verwandeln sich. Jedoch der Ursprung aller Kräfte bleibt sich ewig gleich, unveränderlich, es ist das alldurchdringende, ewige göttliche Leben.

Und nun kommen wir zur dritten Eigenschaft der Dinge, zu dem Bewusstsein. Im Mineralreich finden wir es als Wahlverwandtschaft; dies ist aber nur eine Widerspiegelung der Empfindsamkeit und Anpassungsfähigkeit, die wir im Pflanzenreich besser ausgebildet finden. Im Mineralreich ist dies zum größten Teil latent, d. h.

ungeoffenbart. Die große Starrheit und Trägheit bildet das Hindernis. Im Pflanzenreich erblicken wir nun das Bewusstsein als Empfindsamkeit ausgeprägt, das höhere tierische Bewusstsein aber ist in ihm noch latent oder verborgen, es kann nicht zum Ausdruck kommen, wegen der zu niederen und primitiven Entwicklungsstufe, die es vertritt. Im Tierreich erscheint das Bewusstsein als Instinkt und Begierde.

Das ist aber wiederum nur eine Wiederspiegelung der Vernunft und Denkfähigkeit. Beim Tier kann Bewusstsein nur als Instinkt und Begierde zum Ausdruck kommen, beim Menschen aber als persönliche Vernunft und Denkfähigkeit. Aber auch das persönliche Bewusstsein des Menschen ist noch ein reflektiertes, denn es ist immer noch das Bewusstsein der Getrenntheit von anderen Geschöpfen. Es ist in Zeit und Raum beschränkt. Es ist eine Widerspiegelung des unpersönlichen und ewigen Bewusstseins, das das ganze Weltall durchdringt und umfasst. Und dies ist das universale göttliche Allbewusstsein, das in allen Einzelformen in mehr oder weniger beschränkter Weise zum Ausdruck kommt.

Wir haben nun das Einzelding in der Natur auf seinen Ursprung zurückbegleitet. Wir haben gefunden, dass die drei Eigenschaften der Dinge: Stoff, Kraft und Bewusstsein nur Reflexe sind vom Unendlichen, Ewigen, denn

1) alle Stoffe entspringen aus dem uferlosen Meere des Weltstoffes.

2) Alle Kräfte entspringen aus der alldurchdringenden göttlichen Energie.

3) Alle Bewusstseinsformen sind Wiederspiegelungen des schrankenlosen göttlichen Bewusstseins. Also das Wesen des Universalgeistes oder Gott ist auch dreiteilig, aber alle Drei sind in Einem. Er ist eine unendliche Einheit von Kraft, Stoff und Bewusstsein. Alle drei fließen in Eins zusammen; eins ist zugleich das andere. Und diese Universalwesenheit ist überall, unveränderlich, alldurchdringend und unsterblich.

Sie ist in allen Dingen anwesend, ist das, was alles erzeugt, ernährt, erhält und überdauert.

In der Symbolik der Bibel wird der dreieinige Gott benannt als Vater, Sohn und Heiliger Geist und die Inder nennen ihn Brahma, Vishnu, Shiva. Von einem andern Gesichtspunkte betrachtet, ist das göttliche Wesen eine Dreiheit von Weisheit, Liebe, Macht oder Erkennen, Erkanntes und die Kraft der Erkenntnis, alle drei in Einem. In jedem Wesen ist also eine niedere vergängliche Drei und eine höhere unsterbliche und diese höhere bildet den in allen Wesen enthaltenen göttlichen Geist.

Das Symbol des ewigen wie auch des vergänglichen Teils der Form, ist ein Dreieck. Und so stellt jedes Wesen symbolisch zwei ineinander verschlungene Dreiecke dar.

Aber nicht nur jedes Einzelding, sondern auch das Weltall als Ganzes ist dadurch symbolisiert. Das eine vertritt die phänomenale, offenbare Welt, das andere die subjektive die geistige Welt. Dies doppelte Dreieck ist ein uraltes Symbol und wer es richtig versteht, dem sind alle andern mystischen Symbole und Zeichen verständlich. Aber die symbolische Sprache ist die höchste, weil sie das okkulte und verborgene Wissen wiedergibt, was niemals geschrieben oder ausgesprochen werden, sondern nur durch Betrachtung und Erwe-ckung einer höheren Erkenntnis als die des zergliedernden Verstan-des vollständig erfasst werden kann.

In diesem Symbol ist die ganze Schöpfungsgeschichte nieder-gelegt, jeder Zustand der Materie oder des Geistes, jeder Bewusst-seinszustand eines Wesens, jeder Entwicklungsgrad vom Mineral-reich bis zum Gottmenschen. Es kommt nämlich nur darauf an, welcher Teil der Figur in den Vordergrund der Betrachtung kommt.

Ein anderes Symbol ist eine Schlange, die sich in den Schwanz beißt. Die Schlange bedeutet im allgemeinen Betrug, Falschheit. Im esoterischen Sinn bedeutet sie die große Illusion der Vergänglichkeit. Alles Vergängliche, jedes Einzelwesen, jede Form, jedes Einzelbe-wusstsein trachtet nach besonderem Dasein, nach einem Dasein für sich, außerhalb des großen Ganzen. Es trachtet nach einem besonderen Leben, während es in Wirklichkeit doch nur Ein Leben gibt. Es entwickelt ein besonderes Bewusstsein, während es in Wirklichkeit doch nur ein einziges (göttliches) Bewusstsein gibt; aber das universale Leben und Bewusstsein ist ewig und selbstexistierend, kann nicht abnehmen und auch nicht sterben. Im Vergleiche zu diesem, ist alles Vergängliche, alles Einzelne, jeder Eigen- und Sonderwille nichts Wirkliches, sondern eine Illusion, etwas das nicht durch sich selbst existiert, sondern seine Existenz auf Kosten anderer erhalten muss.

Jedes Wesen hat bei seiner Geburt von dem großen Lebensmeere eine bestimmte Summe Kräfte erhalten und diese Kräfte benützt es gerade, um sich von diesem Lebensmeere getrennt zu erhalten. Es schneidet sich durch sich selbst die Verbindung mit dem Universalleben ab.

Der Egoismus, der Selbstwahn, der in jedem Wesen wohnt, ist es, der ihm den Tod bringt. Alles Vergängliche entspringt aus dem Egoismus und aller Egoismus verzehrt sich selbst. Natürlich ist hier Egoismus in einem feineren Sinne gemeint.

Das ganze objektive Weltall, sowie jedes Einzelwesen ist gleich einer Schlange, die sich in den Schwanz beißt, die sich selber angreift. Nur wer sich in seinem Bewusstsein mit dem Allgeist vereinigt, wird unsterblich werden, nur wer seiner selbst abstirbt, wird das Leben haben, denn dann ruht das persönliche Selbst in dem Allselbst und die Schlange der Illusion wird zur Schlange der Weisheit.

Aber in allem Vergänglichen ist selbst ein unsterblicher Teil enthalten. In jedem Wesen wohnt ein Gottesfunke, der nicht vergeht, es ist die unsterbliche Idee, die jedem Wesen zu Grunde liegt. Ein Wesen ist nur teilweise der Vergänglichkeit unterworfen, nämlich nur der Teil, der dem göttlichen in ihm noch nicht anhaftet und unsterblich geworden ist. Aber das sich selbst verzehrende Vergängliche hat keinen Bestand, es verändert sich jeden Augenblick. Alles

Vergängliche ist deshalb untrennbar mit dem Gesetze des Wechsels verflochten.

Es ist auch genannt das Gesetz von Ursache und Wirkung, sowohl im Reich des Geistes als auch in der materiellen Welt. Auf jede Ursache muss eine entsprechende Wirkung folgen und jede Wirkung muss eine entsprechende Ursache haben, sei es in Bildung und Anordnung der Weltkörper, oder in der Natur, sei es im menschlichen Gedankenleben, oder bei dem rätselhaften und scheinbar oft ungerechten Schicksal des Menschen.

Dieses Gesetz ist das Karma oder das Gesetz der ausgleichenden Gerechtigkeit. Es geht Hand in Hand mit dem Gesetz der Wiederverkörperung. Wiederverkörperung ist überall, wo Wechsel ist. Alles Vergängliche ist dem Tod und der Wiedergeburt unterworfen. Tod im eigentlichen Sinne dieses Wortes gibt es nicht im Weltall. Es gibt nur Wechsel des Zustandes, Tod ist zugleich Geburt in einen anderen Zustand.

Also untrennbar verbunden mit der Illusion der Vergänglichkeit oder der Schlange, die sich selbst angreift, ist das Gesetz der Wiederverkörperung und der universellen Gerechtigkeit.

Und deshalb erblicken wir am Kopf der kreisförmigen Schlange gewöhnlich ein Rad, es ist das Rad des Wechsels, das sich ewig dreht.

Was über dem Rad des Wechsels steht, ist die Silbe „Aum“; sie bedeutet soviel als die ewige Wirklichkeit, welche unveränderlich ist und nichts mit Zeit und Raum zu schaffen hat.

Inmitten der beiden Dreiecke im Zentrum der ganzen Figur sehen wir ein Kreuz, ebenfalls ein uraltes Symbol. Dieses Symbol ist nicht erst seit 1900 Jahren bekannt, sondern wurde schon vor tausenden von Jahren geheiligt, ja es ist so alt, wie die Menschheit selbst. Seine Bedeutung ist überaus tief und man kann seinen Sinn nur durch eigenes tiefes Nachdenken und Meditieren allmählich erfassen, wie dies auch bei allen andern Symbolen der Fall ist.

Jedes Symbol hat mindestens zwei Auslegungen, eine äußerliche und innerliche oder eine exoterische und esoterische Bedeutung.

Es stellt hier das Produkt der göttlichen Offenbarung dar, den Menschen, deshalb ist es in der Mitte angebracht. Die beiden Dreiecke versinnbildlichen das ganze geoffenbarte, Weltall, den Makrokosmos, und das Kreuz stellt dessen Blüte, den Menschen, vor. Es ist der Mikrokosmus oder eine Welt im Kleinen.

Im Menschen ist ein niederer vergänglicher Teil und ein unsterblicher, ewiger. Der Querbalken des Kreuzes stellt die Trennung des Menschen in den niederen und höheren Teil vor. Nach oben zu befindet sich der Gottmensch, die höhere Dreiheit, nach unten die niedere Vierheit.

Zusammen bilden sie die sieben Grundteile des Menschen. Andererseits bildet der Querbalken beim Kreuze das persönliche Bewusstsein des Menschen. Es steht zwischen dem Göttlichen und dem Tierischen in ihm, und es kann sich dem einen oder dem andern Teil zuwenden. Trägt das Göttliche in ihm den Sieg davon, dann wird es das ganze Wesen des Menschen durchleuchten, deshalb sieht man häufig von der oberen Hälfte des Kreuzes Strahlen ausgehen. Die geheime Verbindung der Rosenkreuzer während des Mittelalters brachte am oberen Teil des Kreuzes eine Rose an.

Dies bedeutet einen Menschen, in dem die göttliche Selbsterkenntnis aufgebläht ist. Auch äußerlich betrachtet, stellt das Kreuz den Menschen dar. Der Mensch bildet mit ausgebreiteten Armen ein Kreuz. Der Mensch ist selbst ein Kreuz, auf welches sein eigener unsterblicher Teil während seines Erdenlebens festgenagelt ist.

3. Die Symbolik in der religiösen Bildersprache

Alle Religionsgeschichten, Mythologien und Sagen haben außer ihrer historischen Bedeutung noch eine ungemein höhere, die über alle irdische Sprache erhaben ist. Man kann diese deshalb nur bis zu einem gewissen Grade erklären.

Hauptsächlich beziehen sich diese Symbole und Gleichnisse aus das Herabsteigen des Geistes in die Materie, auf kosmische oder universelle Vorgänge sowie auf das Freiwerden des Geistes im Menschenherzen, auf den Weg des Menschen zur Unsterblichkeit. Dass diesen Geschichten und Erzählungen eine geschichtliche Wahrheit zugrunde liegen kann, braucht deshalb nicht abgestritten zu werden, aber offenbar wurden diese Begebenheiten um ihres hohen Gehaltes willen aufgezeichnet symbolisiert und ausgeschmückt.

Höhere Wahrheiten mussten zu früheren Zeiten sehr gehütet werden; erstens wegen des damals allgemein herrschenden fanatischen Geistes; zweitens um höhere Geheimnisse vor dem Unverstande und der Selbstsucht zu verbergen; drittens weil die damalige Sprache keine große Umschreibung erlaubte, und viertens weil der Abstand von Wissenschaft und Religion ein zu großer war.

Diese Lehren wurden deshalb in einer Weise Verfasst, dass ihre äußere wörtliche Bedeutung der großen Masse als Richtschnur und Anhaltspunkt diente, während die innere symbolische Bedeutung nur für diejenigen war, die die nötige Erkenntnis und Reife dazu hatten. Betrachten wir die Religionsschriften in diesem höheren Lichte, so finden wir die größten Schätze darin verborgen, indes die äußerliche Auffassung eines Symbols nur die innerliche verhindert Die meisten religiösen Symbole aller Völker beziehen sich auf die Fleischwerdung Gottes, d. h. die Verkörperung und Offenbarung des Geistes in der Materie. Im Makrokosmos, in der großen Welt fand diese Verkörperung des Universalgeistes beim Beginn der Weltschöpfung statt. Aber dieser Vorgang findet im Kleinen bei jedem einzelnen Menschen statt, so oft er sich auf Erden verkörpert. Diese Tatsache wiederholt sich so oft, bis der göttliche Geist im Menschen zum Selbstbewusstsein gekommen ist.

Die Symbole sind außerdem auch Darstellungen der Vorgänge im Seelenleben eines jeden Menschen, der den Weg einschlägt, der zum Sieg über das Vergängliche, zur Herrschaft über das Selbst und zur Freiheit von persönlichem Selbst und zur Geburt des Gottes in ihm führt. Solche Menschen hat es zu allen Zeiten gegeben und dieser erhabene Vorgang im Menschen wurde deshalb zu allen Zeiten und bei allen Völkern symbolisiert.

So sind z. B. die religiösen Gleichnisse im neuen Testament der Bibel auch bei andern Völkern lange vor der christlichen Zeitrechnung in ähnlicher Weise zu finden. Überall wird eine übernatürliche Geburt eines Gottmenschen geschildert.

Von Buddha wird Folgendes erzählt: Die Mutter Buddhas hieß Mayadevi; sie war so schön wie die Wasserlilie und ihre Seele so rein wie die Lotosblüte. Gleich einer Himmelskönigin lebte sie auf Erden unbefleckt und fehlerlos. Ihr Gemahl war ein König, aber er ehrte ihre Heiligkeit. Da stieg der Geist der Wahrheit auf sie herab und sie gebar ein Kind, strahlend und vollkommen wie die aufgehende Sonne. Es war Buddha; himmlische Musik ertönte in der Luft und die Engel jubelten freudevoll.

Die in den uralten Schriften der Ägypter enthaltene Erzählung von Osiris gleicht ebenfalls derjenigen von Jesus von Nazareth. Osiris, der größte Gott in Ägypten war der Sohn des himmlischen Feuers und der Urmaterie. Er wird als ein Heiland und Befreier der Menschheit beschrieben. Er kommt als Wohltäter unter die Menschen, um sie von ihren Mühsalen und Gebrechen zu befreien. Aber seine Bestrebungen, Gutes zu tun, werden mit Bösem vergolten. Er wird überwältigt, getötet und begraben. Aber nach drei Tagen steht er wieder auf und fährt in den Himmel.

Und nun kommen wir zur Symbolik der Bibel. Die Geschichte Jesu mag wohl auf Wahrheit beruhen, ist es doch eine augenfällige Sache, dass ein Erleuchteter, ein Gottmensch gewöhnlich missverstanden wird und ein Opfer des Unverstandes und der Verachtung werden kann. Wer aber diese Geschichte auf das innere Seelenleben des Menschen anzuwenden versuchen wollte, der würde erst die große Erhabenheit und Weisheit wahrnehmen, die darin verborgen liegt. Die übernatürliche Geburt des Gottessohnes deutet hin auf die Geburt des göttlichen Bewusstseins im reinen Gemüten des Menschen, denn dies ist wie eine bewegte See, in der sich der Mond spiegelt. Durch die Wellenbewegung wird nur ein verzerrtes Bild erzeugt. Erst in einem solchen Moment, wo die Fläche glatt und ruhig wie ein Spiegel geworden, gibt sie das Bild in seiner wahren Gestalt wieder. Erst wenn das Gemüt des Menschen rein und jungfräulich geworden, kann in ihm die übernatürliche Geburt der Göttlichkeit stattfinden, dies Ereignis ist aber über jeden Begriff so erhaben, dass sich derjenige, der es nicht selbst erlebt, nur eine schwache Vorstellung davon machen kann und es klingt wie eine Entheiligung, wenn man versuchen will, diese Symbole zu erklären.

Die Geburt oder das Erwachen des Gottesbewusstseins im Menschen ist tatsächlich eine Geburt, zu deren Vergleich alle andern Geburten nur Scheingeburten sind. Alle äußeren Vorgänge im Weltall, im Kleinen sowohl als im Großen, als auch im äußeren Leben des Menschen sind nur Gleichnisse und Abbilder von Vorgängen im Reiche des Geistes, im Reiche des Ewigen.

Vom vergänglichen Standpunkt aus betrachtet, erscheint die phänomenale Welt als Tatsache, deren Vorgänge der Mensch zur Beschreibung geistiger Dinge symbolisch benützt. Aber vom Standpunkte des Wirklichen, des Ewigen aus betrachtet, erkennen wir, dass das Reich der Ideen die Wirklichkeit, der Grund und das Erste und Ursprüngliche ist, und die sichtbare Welt nur die symbolische Wiedergabe derselben. Und so ist die Sprache in Symbolen die wirkliche Sprache, die Geistessprache, die Sprache, von Gott *eingesetzt*.

Also alle äußeren Vorgänge in der Natur: die Bahnen der Planeten um ihre Sonnen, die periodische Wiederkehr, usw., Anfang und Ende, Sommer und Winter, Tag und Nacht, Geburt und Tod, die Anordnung von Maß, Zahl, Gewicht, Farbe und Ton, das äußere Leben und Treiben in der Natur, alles sind nur vergängliche Abbilder von unvergänglichen Ideen und Gesetzen.

Und so ist für den Eingeweihten die ganze Natur eine wunderbare verborgene Sprache der Gottheit. In Naturereignissen sieht er unveränderliche Gesetze des geistigen Lebens reflektiert.

Ja, jedes einzelne Wesen ist ein Symbol, ein Buchstabe in dieser Sprache. Und so auch umgekehrt ist es einem Mystiker, der die Gesetze des Geistes erkennt, ein leichtes, das objektive Weltall zu erforschen; er braucht nicht mit einem Fernrohr oder Mikroskop in die Welt hinauszuspekulieren, denn er findet alles in sich selber, im Reich des Geistes. Aber alles Irische ist ja nur ein Gleichnis.

So ist auch die Symbolik in den religiösen Geheimschriften von einem höheren Standpunkt aus ganz naturgemäß, berechtigt und obligatorisch.

Die irdische Geburt ist auch nur ein Abbild eines Vorganges auf der geistigen Ebene und keine wirkliche Geburt sondern nur ein Wechsel des persönlichen Bewusstseins. Aber die geistige Geburt ist erst das Erwachen zum wahren Leben. Es ist die Geburt des Lichtes der Gotteserkenntnis im Menschenherzen, und ein Mystiker des Mittelalters, Angelus Silesius, sagt:

Ich muss Maria sein und Gott in mir gebären,
Soll er mir ewiglich die Seligkeit gewähren,

ferner sagt er:

Ist Christus tausendmal zu Bethlehem geboren
Und nicht in dir, so bleibst du doch verloren.

Wenn man die Geschichte Jesu auf jeden Menschen anwendet, so ist unter Jesus unser eigenes, wahres, unvergängliches Selbst zu verstehen. Und der Weg des Kreuzes, den jeder wandeln muss, ist der Weg durchs irdische Dasein. Maria, Jesus, Pilatus, usw., sind alle in einem Menschen zu finden. Wird in dem reinen Gemüt des Menschen oder Maria, das Christuskind, das Licht der Wahrheit geboren, so geschieht dies in einem Stall, wo selbst Tiere anwesend sind. Es sind die niederen Triebe des Menschen, die tierischen Instinkte, die in seinem Organismus, dem Stall, zu Hause sind. Aber die Tiere schweigen diesmal, denn sie ahnen, welche großer Herr unter ihnen weilt.

Aber Herodes, der Selbstwahn im Menschen, der regierende Fürst ist es, welcher das göttliche Ideal nicht aufkommen lassen will, und tief im Innern des Herzens, in Ägypten, bleibt die höhere Stimme verborgen, bis der König seiner Mordlust abgestorben ist. Wenn in einem Menschen einmal das Licht der Wahrheit erwacht ist, ist es unausrottbar. Aber die niedere Persönlichkeit ist der herrschende König, der sich selbst zum Ideal hat und das Göttliche im Herzen nicht aufkommen lassen will.

Aber die höhere Erkenntnis lässt sich nicht töten, sondern kommt beim günstigen Moment wieder, wird dann schließlich stärker und nimmt zu an Macht, die sie auf den ganzen Menschen, insbesondere im Reiche seiner Neigungen ausübt. Aber schließlich wird sie, die Wahrheit, doch wieder verdunkelt, von persönlichen, irdischen Gewalten umstrickt, und vor den Richterstuhl des Verstandes gebracht. Pilatus, als der zergliedernde irdische Verstand, die Logik, vermag die Wahrheit nicht zu erkennen, selbst wenn sie vor ihm steht. Die Wahrheit oder Gott kann nicht zergliedert werden, sie steht über aller Logik oder Schlussfolgerung.

Und alle Logik und Umschreibung könnte nur eine Karikatur der absoluten Wahrheit geben. Die Wahrheit oder Christus hat deshalb keine Antwort auf die Frage, was sie sei; denn sie ist nichts anderes, als sie selbst. Die Wahrheit muss direkt erkannt werden, so wie man das Licht erkennt. Für einen Blinden hat alle Beschreibung des Lichtes keinen Wert, er kann es nicht fassen. Die Wahrheitserkenntnis oder Gotteserkenntnis kann uns nur dadurch zu teil werden, indem sie in uns erwacht. Der Mensch kann nichts anderes dabei tun, als die Hindernisse hinweg räumen. Das Volk oder die Juden stellen die niederen intellektuellen Seelenkräfte des Menschen dar, die Jesum, unser wahres Selbst verhöhnen, indem sie durch ihr Geschrei die Stimme der Wahrheit übertönen.

Die Kriegsknechte sind die Leidenschaften, die den gefesselten Gottmenschen geiseln. Simon von Cyrene ist die Hoffnung, das Gottvertrauen und hilft das Kreuz des Leidens tragen. Und so wird der Gottmensch in uns, der in Wirklichkeit frei und ewig ist, an das Kreuz, an den das Kreuz bildenden irdischen Körper gefesselt. Bei den Indern wird er an die *Swastika*, auf ein Rad gefesselt, das sich immer drehende Rad des Lebens.

Aber die drei Nägel, mit denen die Seele gefesselt ist, sind das verkehrte Fühlen, Denken und Wollen des Menschen, durch die er sich selber an das irdische Dasein nagelt.

Die Auferstehung zur Freiheit aus dem Zwange der Wiederverkörperung, das Bewusstwerden der Unsterblichkeit kann aber erst stattfinden, wenn der schwere Stein des Irrtums und der Selbstsucht vor dem Grabe des Gottessohnes in uns hinweg gerollt ist. Dies geschieht aber erst nach 3 Tagen. Es sind die 3 Tage der Zeit: Vergangenheit, Gegenwart und Zukunft. Über diesen 3 Tagen und unabhängig davon ist das Ewige. Erst wenn sich der Mensch vom Vergänglichen zum Ewigen in ihm erhebt, wird er über das Bewusstsein des Zeitlichen erhaben und die Auferstehung kann stattfinden.

Das Licht der göttlichen Selbsterkenntnis ist über alles Grübeln und Denken erhaben, darauf weisen auch die vier Buchstaben hin, die über dem Kreuze stehen. I. N. R. I. Jesus von Nazareth, König der Juden. Esoterisch betrachtet, heißt dies nichts anderes als: die göttliche Weisheit ist Herr der niederen Seelenkräfte.

In einer anderen Hinsicht bedeuten die vier Buchstaben: »in Nobis Regnai Jesus«, d. h., in uns regiert Jesus oder der Gottmensch. – Ein Mystiker, Meister Eckhart sagt: »Die Bibel ist wie ein Meer, das immer tiefer wird, je weiter man hineingeht. Wer aber ganz darin untertaucht, der findet kostbare Schätze, die auf dem Grunde desselben verborgen sind.«

Alle hier erwähnten Andeutungen haben den innersten Sinn dieser symbolischen Erzählungen keineswegs ganz ausgelegt. Auch ist der Zweck religiöser Symbole und Gleichnisse gar nicht der, dass sie äußerlich gedeutet werden, sondern der Zweck ist, dass jeder Einzelne selbst darüber nachdenkt, sich in die geistigen Geheimnisse, die darin verborgen sind, vertieft, und in sich selber den Schlüssel zur Erklärung findet.

Wer aber diesen Schlüssel gefunden hat, der erkennt die verborgene Weisheit der mystischen Schriften aller Zeiten und Nationen. Er findet dieselbe Wahrheit, nicht nur in den alten Veden der Inder, in dem Totenbuche der Ägypter, im chinesischen Tao-Te-King, in der christlichen Bibel, im Zen-Avesta der Perser und in den goldenen Lehren des Pythagoras sondern auch in den Werken Göthes, in Rückerts *Weisheit des Brahmanen*, in Dantes *göttlicher Komödie*, in Richard Wagners Opern, usw. sowie in den Sagen und Märchen des Ostens und Westens.

Aber immer gab es Menschen, die die Symbole ganz verkehrt auffassten. Zu welchen Missverständnissen und Torheiten dies geführt hat, beweist die Kirchengeschichte alter und neuer Zeit. Zu dem Schlimmsten gehört die Witwenverbrennung in Indien, die aus der verkehrten Auslegung gewisser Schriftstellen beruht.

Es heißt da: »Der Mann und das Weib sollen sich im Feuer vereinigen und den Zustand höchster Glückseligkeit erlangen.« Die Menschen glaubten nun, wenn der Mann gestorben sei, so muss die Frau mitverbrannt werden, und führten dies auch aus. Esoterisch betrachtet bedeutet dies aber etwas ganz anderes.

Das männliche Prinzip in jedem Menschen ist der Gedanke. Das weibliche Prinzip ist in jedem Menschen der Wille. Das Feuer in jedem Menschen ist die geistig-göttliche Energie oder Allliebe. Wenn der Mensch danach strebt, den höchsten Zustand des Bewusstseins, die Vereinigung mit seinem höheren Selbst zu erlangen, dann müssen sich seine Gedanken und sein Gemüt im Feuer der allumfassenden göttlichen Liebe vereinigen und diese Übung nennt man Meditation.

Dabei muss also Kopf und Herz vereinigt werden. Lässt der Schüler das Gemüt allein spielen, dann verfällt er der Schwärmerei oder Mediumschaft, lässt er den Gedanken allein herrschen, dann kann er nicht eindringen in das Gebiet einer höheren Erkenntnis und Glückseligkeit und verfällt der schwarzen Magie.

Auch die Azteken verstanden die Stimme des Göttlichen nicht, die zu ihnen sprach: »Opfert mir die Herzen« (d. h. macht eure Herzen der Herrschaft des göttlichen Lichtes untertan), sondern sie rissen ihren Kriegsgefangenen die Herzen bei lebendigem Leibe aus, um sie ihrem unverstandenen Gotte als blutige Opfer zu bringen. – Wie viel Unheil wäre erspart geblieben, wenn die Anhänger des Islam, die Vorschrift:

»Tötet meine Feinde« im wahren Sinne aufgefasst hätten, und der Selbstsucht, dem Irrtum, den tierischen Elementen in sich selbst den Krieg erklärt hätten, als den Koran mit Feuer und Schwert zu verbreiten. Aber auch heute noch kommen derartige Missverständnisse und Torheiten vor, immer noch werden die Symbole und Erzählungen in den heiligen Schriften äußerlich und der Selbstsucht gemäß ausgelegt, worüber aber jeder selbst weiter nachdenken mag. Nur eins sei hier noch erwähnt:

Das Sterben in Christo. Dies bedeutet den Zustand von Samadhi oder die geistige Wiedergeburt. Es ist das Aufgehen des persönlichen Bewusstseins in das göttliche Allbewusstsein, in welchem Zustande auf Momente alles Persönliche ausgerottet wird, woselbst der Mensch seine eigene Form als etwas Unwesentliches, als einen Schatten erkennt.

Dieses Sterben muss aber bei Lebzeiten schon erlernt werden; wer damit wartet, bis er auf dem Totenbette liegt, der kommt zu spät. – Dieser Tod bei Lebzeiten wird der mystische Tod genannt und damit findet die Auferstehung des Gottmenschen in uns statt. Das

Bewusstsein umfasst dann nicht mehr das persönliche Selbst, sondern das ganze Weltall. Wer aber schließlich ganz mit der Weltseele eins geworden ist, der ist der geoffenbarte Gottmensch selber, im Indischen Mahatma genannt, d. h., auf deutsch:

„Große Seele"

Denn seine Seele umfasst nicht mehr die beschränkte Form, sondern das Ganze. In der Vereinigung mit unserem höheren Ich liegt eine unbeschreibliche Wonne. Es ist ersteres nämlich die Fähigkeit, das eigene Bewusstsein mit demjenigen anderer Wesen zu verschmelzen. Es ist jene göttliche Seligkeit, wonach jedes Geschöpf unbewusst strebt, es aber nie erreichen kann, weil es sich selbst nicht verlässt.

Der Mensch sucht sich mit dem, was er liebt, zu vereinigen. Aber infolge seines Verlangens nach Sondersein kann ihm dies nie gelingen. Wie sehr sich das Herz auch mit Lieben vereint, nie wird es ganz zur Ruhe kommen. Nie wird es ganz in dem Gegenstand feiner Liebe aufgehen können, solange es nur die Form, das Unwesentliche im Auge hat. Dies scheint auch der Dichter Hamerling empfunden zu haben, als er folgende Verse schuf:

Einsam ist die Menschenseele:
Ob wir Herz an Herz auch drücken,
Klafft doch immer eine Tiefkluft,
Die wir niemals überbrücken;
Nichts kann ganz das andere werden.
Jeder folgt dem eig'nen Triebe,
Und ein Traumbild bleibt die Sehnsucht,
Und ein schöner Wahn die Liebe.

Aber diese Kluft wird nur durch den Sonderwillen des Menschen erschaffen. Die Geschöpfe gleichen Weltkörpern, die sich umkreisen. Ewig ziehen sie sich an, und ewig halten sie sich auch voneinander fern. Nie wird die Ruhe und endgültige Befriedigung hergestellt. Planeten werden periodisch von der Sonne angezogen und wenden sich wieder von ihr ab. Auf jede Aktion folgt eine

Reaktion. Wenn aber, wie man sagt, nach Ablauf großer Zeiträume die Planeten in die Sonne fliegen, dann werden sie nicht vernichtet, sondern werden selbst zur Sonne. Dies hier sei nur ein Beispiel. Denn genau so ist es nämlich mit der Seele. Wenn die Seele ihren Sonderwillen aufgibt, der sie von anderen trennt, dann wird sie nicht vernichtet, sondern wird identisch mit der Geistessonne, die in allen Menschen wohnt.

Den Sonderwillen aufgeben, heißt nicht *willenlos* werden, *bewusstlos* werden, sondern den Willen mit dem Allwillen Vereinigen, das Bewusstsein erweitern. Die Seele erkennt und fühlt sich dann selbst in andern und dann hat sie die ewige Ruhe, das Ziel der Liebe gefunden; es ist das Empfinden der ewigen göttlichen Liebe, die über alles erhaben ist. Die menschliche Seele hat also Flügel, womit sie in die Sonne des Geistes fliegen kann und diese Flügel sind die geistige Erkenntnis und der geistige Wille. Die geflügelte Seele wird symbolisiert durch einen geflügelten Kreis.

Alle Begierde, Egoismus, Sinnlichkeit, Genusssucht sind nichts anderes als Irrtum. Alles Trachten nach Besitz, nach Vereinigung, nach Ruhe, sei es nun gut oder böse, ist im Grunde genommen nichts anderes als die ewige Sehnsucht nach dieser göttlichen Verschmelzung des Bewusstseins, welche die Quintessenz aller Befriedigung ist.

Aber der nicht Erkennende sucht diese Ruhe im Äußeren, im Unwesentlichen, wo er sie nie endgültig finden kann, und je größer das Verlangen wird, desto mehr sinkt er. Aber es ist nur Irrtum. Mancher geniale Mensch führt infolge dieses Irrtums ein lasterhaftes Leben. Er hat diesen Drang nach Vereinigung und Ruhe vielleicht stärker als andere Menschen, versteht ihn aber nicht. Er erkennt noch nicht, dass er sich selbst aufgeben muss, wenn er ganz das Andere werden will, wenn er mit dem Leben aller Dinge Eins werden will. Und nun verstehen wir auch die Worte Goethes:

Lange hab ich mich gesträubt,
Endlich gab ich nach,
Wenn der alte Mensch zerstäubt
Wird der neue wach;
Und so lang du dies nicht faß'st
Dieses Stirb und Werde,
Bist du nur ein trüber Gast
Auf der dunklen Erde.

Damit ist also nichts anderes gemeint, als das Sterben in Christo. Christus oder der Logos ist die Universalseele, die Gottheit in der Menschheit. Da sie in jedem Menschen wohnt, so ist sie auch das höhere, wahre Selbst eines jeden Menschen. Und wenn der Mensch Gott erkennen will, so braucht er nur in Wahrheit sein höheres Selbst zu erkennen und so ist die wahre Selbsterkenntnis des Menschen zugleich die Gotteserkenntnis der Theosophie. Es gibt also zwei Arten der Selbsterkenntnis.

Die eine ist Erkenntnis seiner Persönlichkeit der Maske, deren Fehler und Schwächen; die andere ist aber die Erkenntnis des Gottes im Menschen und ist sehr schwer zu erlangen. Der erste Schritt dazu ist der, dass der Mensch lernt, das Dauernde vom Vergänglichen zu unterscheiden; nämlich, dass er sein wechselvolles Ich, das nie feststeht, nicht mehr zum Abgott macht. (Um die Vollkommenheit zu erreichen, muss man zuerst einsehen, dass das, was man bisher war, nur unvollkommen war).

4. Die Symbolik der christlichen Kirche

a) Symbole

Das heiligste Symbol der Christen ist das *Lamm.* Es ist das Sinnbild der Geduld und Aufopferung. Jesus wird ihm verglichen, er ist das Lamm Gottes, das der Welt Sünde trägt, das heißt, das sich selbst der Menschheit zum Opfer bringt. Dieses Opfer bezieht sich aber weniger auf den Kreuzestod Jesu, als auf sein Leben. Der Tod ist für einen Erleuchteten kein so großes Opfer als das Leben, seine irdische Verkörperung nämlich; denn er hält dadurch seinen eigenen Fortschritt auf. Jeder Gottmensch, der sich freiwillig für das Wohl der Menschheit Verkörpert, ist ein Opferlamm.

Dieses *große Opfer* findet sich auch in anderen Religionen, nur in einer anderen Figur. Buddha wird z. B. verglichen mit einem weißen Elefanten. Er gibt seinen Wohnsitz im Himmel auf um die leidende Menschheit zu erlösen. Er steigt in Gestalt eines weißen Elefanten auf die Erde. Der Elefant hatte nämlich in Indien von jeher die Bedeutung der Weisheit und zugleich der Aufopferung.

Da er mit in den Krieg geführt und den feindlichen Geschossen ausgesetzt wurde, war er das Sinnbild der Aufopferung und Geduld im Leiden. Aber die wahre und höchste Bedeutung des *großen Opfers* kann nicht erklärt werden; sie kann nur derjenige verstehen, der seinen inneren geistigen Führer gefunden hat. Gehen wir weiter. –

Das *Kreuz* wurde schon eingehend besprochen. Es wird oft in Verbindung mit der *Krone* gebracht. Wenn der Mensch *in Christo stirbt*, d. h. wenn das Fleisch (das persönliche Ich) gekreuzigt wird, dann findet die *Krönung* oder die innerliche Einweihung und Verherrlichung statt. Der Schüler empfängt dann die *Krone des Lebens*, des Lebens im Ewigen.

Hierher gehört auch der Kelch. Wer den Weg nach Golgatha selber geht, der muss den Kelch des Leidens leeren, mit andern Worten: wer den mystischen Tod *erleben* will, der muss tatsächlich seine Persönlichkeit ganz und gar für die Menschheit aufopfern.

Den letzten Rest seines Sonderwillens muss er überwinden. Er muss den Kelch leeren bis auf den letzten Grund. Er muss sich selbst aufgeben. Die Vorschrift der mohammedanischen Derwische lautet: *Stirb, ehe du tot bist.*

Die *Taube mit dem Ölzweig* ist die *göttliche Gnade*, die sich täglich und stündlich in das Gemüt des geistig Wiedergeborenen hereinsenkt. Aber das Wort *Gnade* dürfen wir eigentlich nicht wählen, da es heutzutage nicht mehr diejenige Bedeutung hat, die es haben sollte.

Die mystische Gnade ist etwas ganz anderes als eine besondere Gunst. Es ist ein gewisses innerliches Aufleuchten der eigenen Göttlichkeit, das periodisch wiederkehrt Gnade – weil es der Schüler nicht selbst herbeiziehen kann, sondern weil er abwarten muss, bis die trüben Wolken, die es verdecken vor seinem geistigen Blick, sich wieder verzogen haben. Also diese Taube bringt den unbeschreiblichen Frieden des Herzens, den sich kein Mensch, sei er noch so gelehrt, selber bereiten kann, den Ölzweig.

Die weiße Lilie, die heilige Blume, ist das göttliche Geschenk, das jeder wahre Jünger der Weisheit in seinem Herzen trägt, das er wohl verwahrt; es ist die Reinheit des Gemüts; Geschenk, weil sie eine Gabe der höheren überpersönlichen Wesenheit des Menschen ist. Keiner kann vollständig rein sein, ohne dieses Geschenk in seiner Brust. Dasselbe kann man sich ebenfalls nicht selber verfertigen, sondern erlangt man eben gerade durch die *Gnade*.

Es gehören göttliche Kräfte dazu, um vollständig rein zu sein (siehe oben). Bei den Buddhisten ist die weiße Lilie vertreten durch die Lotusblume.

Ein wichtiges Symbol ist auch *die Zahl Sieben*. Sie stellt die sieben Prinzipien oder Bewusstseinsformen im Menschen dar, sie wurden angedeutet durch die sechs Lichter auf dem Altar, das siebente Prinzip welches das höchste ist, wurde nicht öffentlich dargestellt, es ist im Tabernakel verborgen, denn es ist dasjenige im Menschen, das eigentlich nicht getrennt von den anderen betrachtet werden kann, es ist in allen sechs enthalten, es ist *Atma* von dem alles andere der Ausfluss ist.

Aber anderweitig ist *Atma* das ewige, unwandelbare Prinzip, sowohl im Weltall als auch im Menschen, symbolisiert durch das

ewige Licht. Es brennt ununterbrochen durch alle Ewigkeit. Es ist das Heilige, Göttliche, das *Licht der Welt*. Schade, dass man diese hohe Wahrheit in solch armselige Worte kleiden muss.

Es war deshalb kein Fehler, dass man diese Dinge in Symbolen wiedergab. Versenke Dich, lieber Leser, doch selber einmal in den Geist dieser Symbole und du wirst nur dabei gewinnen. Mit Worten kann man bloß Andeutungen geben. – Bei allen Religionen finden wir die heilige Flamme. Sie war überall das Symbol des göttlichen Feuers. In den alten Tempeln mussten Priester oder geweihte Personen die heilige Flamme unterhalten.

Ein weiteres Symbol der katholischen Christenheit ist der Rosenkranz. Er stellt esoterisch die Lehre von der Wiederverkörperung der menschlichen Individualität dar.

Die einzelnen Perlen symbolisieren die vergänglichen Einzelleben, während der Faden, der die ganze Kette durchzieht, das höhere Prinzip im Menschen bedeutet, welches alle Verkörperungen umfasst, durchzieht und immer dasselbe bleibt. Das Ende des Rosenkranzes bildet das Kreuz, welches auf die schließliche Auferstehung des Gottes, auf das Erwachen aus der Kette der Lebensträume hinweist. Der Rosenkranz soll dem Jünger in Erinnerung bringen, dass das Leben während der irdischen Verkörperung nur ein vorübergehendes ist und dass er sein Bewusstsein auf das dauernde, auf das alle Leben Überdauernde richten soll. Tatsächlich ist eins kurzes Erdenleben nichts anderes als eine Blüte, die wieder verwelkt, eine vorübergehende Phase des Daseins, ein kleiner Abschnitt, auf den die Menschen irrtümlicher weise ein viel zu großes Gewicht legen.

Im Rosenkranz liegt aber noch mehr verborgen. Sein Ursprung ist sehr weit zurückliegend, es hängt derselbe mit den ältesten Symbolen zusammen, die in sich Kreuz und Kreis vereinigen. Denn der Rosenkranz ist selber Kreuz und Kreis und ist somit verwandt mit dem Henkelkreuz der Ägypter und der Ankh-Schleife (eine Schlinge, welche einen Kreis bildet und dessen Enden sich kreuzen), welches Symbol sowohl bei den Ägyptern als auch bei den Indern gebräuchlich ist.

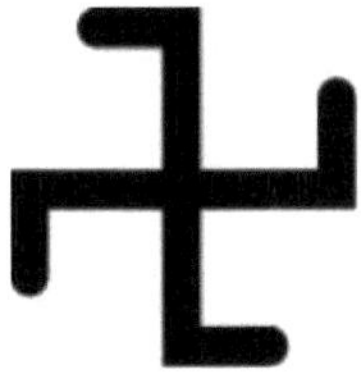

In anderer Weise wieder stellt der Swastika (Hammer Thors) mit den umgebogenen Enden dieses Symbol dar und es ist auch das Zeichen der Venus (♀), welches den ewigen Wechsel und in gewissem Sinne auch die Fortpflanzung versinnbildlicht, desselben Ursprungs.

Kreuz im Kreis stellt das Ewige und Zeitliche und das Männliche und Weibliche in Einem Bilde dar oder den ursprünglichen göttlichen ungeschlechtlichen Menschen.

Der Kreis gilt immer für das Ewige, Unendliche, die zwei sich kreuzenden Linien in demselben für das männlich-weibliche. Aber im Laufe der Entwicklung begann der Fall in das Geschlecht, wodurch Kreuz und Kreis in jeder Hinsicht getrennt wurden.

So ist das Symbol der jetzigen Menschheit und des geoffenbarten Weltalls das Kreuz mit dem Kreise (nicht im Kreise), welches Zeichen wir in vielfacher Form und Anwendung finden und welches auch durch den Rosenkranz dargestellt wird.

Den Beweis, dass der Ursprung des Rosenkranzes mit Kreuz und Kreis zusammenhängt, liefert die Tatsache, dass in ihm die hebräischen Verhältniszahlen des

Kreisdurchmessers zu Kreisumfang angedeutet sind: 113 zu 355. Der Rosenkranz besteht aus 5 Reihen Perlen à 10 Stück, und zwischen den Reihen stehen fünf einzelne, also zusammen 55 Perlen, welche den Kreis schließen, sodann folgt eine, dann drei, dann wieder eine Perle, dann das Kreuz, auf welchem der Gottmensch befestigt ist, was darauf hinweist, dass in dem im Geschlecht versunkenen Menschen das Göttliche gekreuzigt ist, und der Auferstehung harrt.

Die Haupt-Bedeutung dieses vielseitigen Symbols ist: Wiedergeburt, Wiederverkörperung, Auferstehung, Erneuerung, Zyklus, Wechsel, Fortpflanzung.

Bei den Indern finden wir den Rosenkranz in einer anderen Form. Es ist die sogenannte Gebetsmühle. Ein frei angebrachtes Rad, das gedreht wird, wobei Gebete gesprochen werden.

Aber gerade so wie bei den Christen der Rosenkranz, so ist auch bei den Buddhisten dieses Rad des Lebens gehörig missbraucht worden.

Die Gebetsmühle der Inder ist das Rad des Daseins, das sich ewig dreht, es bezieht sich vielfach auf Karma und Wiederverkörperung.

Der Teil des Rades, der unten ist, kommt auch wieder nach oben. Alles, was stirbt, wird auch wieder geboren.

Die Gebete, die beim Drehen des Rades gesprochen werden, sollen bewirken, dass der Jünger mit dem Gesetz, mit dem Allwillen eins werde, wodurch er selber zum Gesetz wird; dadurch erhebt er sich über das Reich des Persönlichen und wird von Karma und Wiederverkörperung befreit. (Er wird erlöst.)

Einige weitere Symbole, die man häufig bei den Christen findet, sind nachstehend abgebildet.

Ihre Bedeutung kann aus den anderen erkannt werden.

Herz Jesu

Himmelsschlüssel

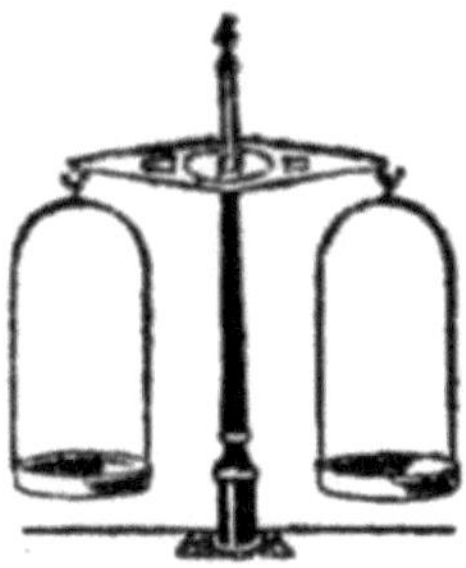

Gerechtigkeit

Friede

b) Zeremonien

Wir gehen jetzt zu den Zeremonien über. Halten wir uns der Einfachheit halber an diejenigen der christlichen Kirche. Verstehen wir ihren mystischen Sinn, so werden uns auch diejenigen der anderen Religionen klar, und wir sehen dann, dass alle ein und dasselbe bedeuten.

Die Taufe stellt die Einweihung des Menschen in ein höheres Leben dar. *Wasser* ist das Symbol der reinen Gedanken, was wir auch bei den Indern finden; deshalb tauft man mit Wasser. Wer aber keinen über die Selbstsucht erhabenen Gedanken hegen kann, der ist auch nicht getauft und da hat der äußerliche Vorgang auch keinen

Wert gehabt. Ein solcher Mensch kann als ein geistig Toter betrachtet werden.

Die Kinder werden mit Wasser getauft, zum Zeichen, dass sie in diesem Leben der geistigen Wiedergeburt entgegenreifen möchten. Damit hat nun auch die Wiedertaufe etwas zu tun und bekommt auf diese Art einen Sinn. Die Kindertaufe steht auch mit magnetischer Beeinflussung in Beziehung. Die wahre

Taufe ist das Erwachen eines höheren Bewusstseins (Buddhi-Manas) im Menschen. Es gibt demnach nur wenige Menschen in der Welt, die wirklich getauft sind.

Es gibt nun aber noch eine Taufe mit Feuer. Wer mit Feuer getauft ist, bei dem ist das Göttliche völlig zum Durchbruch gekommen. Die *Heiligen* sind deshalb mit Feuer getauft.

Das Einnehmen des Abendmahls bedeutet esoterisch die Belebung der höheren Seelenkräfte. Das Sakrament ist ein sichtbares Zeichen der Wirkungen einer unsichtbaren Kraft. Der äußere Vorgang hat somit nur dann einen Wert, wenn der innere Vorgang in der Seele des betreffenden Empfängers stattfindet.

Diese innerlich wirkende Kraft ist die alles durchströmende göttliche Lebenskraft, die der Geistesschüler in sich aufnimmt. Jedes Ding wächst durch die Nahrung, die es empfängt und in sich aufnimmt. Dies ist nicht nur mit dem Körper, sondern auch mit der Seele der Fall. Seele ist auch Körper. Diese atmet Äther. Und wenn in einem Menschen die Seele *lebendig* geworden ist, dann fängt sie an zu atmen.

Die Seele des geistig Wiedergeborenen ernährt sich durch das allgegenwärtige göttliche Lebensprinzip, das sie in sich aufsaugt (Jiva). Dieses Leben kann sich aber kein Mensch erschaffen, oder durch seine persönlichen Verdienste erwerben, sondern es kann nur durch den Einfluss des Gottmenschen in uns (Christus oder Buddhi-Manas) mitgeteilt werden. Da es nicht vom persönlichen Menschen selbst kommen kann, sondern von dem höheren Prinzip in ihm übermittelt werden muss, so muss er sich *demütigen,* d. h. er muss sich der höheren Macht gänzlich unterstellen, wenn er es empfangen will.

Es wurde deshalb auch mit Recht gesagt, dass diese göttliche Lebensübertragung nur durch die göttliche Gnade erlangt werden kann, was aber nicht mit der Gunstbezeugung eines dem Menschen fernstehenden Gottes verwechselt werden sollte. Aber nicht durch den Genuss des heiligen Abendmahls wird diese Gnade erlangt, sondern die Zeremonie bildet nur eine Stärkung des geistigen Glaubens, wodurch der innerliche Vorgang erleichtert wird.

Es ist dies Äußere die Parallele eines inneren Vorgangs, wodurch der innerliche Vorgang erweckt werden kann, wenn der Teilnehmer geistig reif und vorbereitet ist. Der Vorgang geschieht im Geiste; wo aber der Geist fehlt, da nützt auch die Zeremonie nichts dient höchstens dem Selbstbetrug.

Das Brot ist das Symbol der göttlichen Nahrung der Seele; da Gott das Wesen von allen Dingen ist, so ist das Wesen Gottes auch im Brot enthalten. Brot ist das beste Sinnbild dieser göttlichen Lebenskraft, da es als etwas Körperliches betrachtet allein schon alles enthält, was dem menschlichen Körper zur Nahrung dient.

Der Wein ist das Symbol der Kraft der göttlichen Liebe, die sich aus dem höheren Selbst des Menschen ergießt. Wasser bedeutet nämlich den Gedanken, aber der vom Feuer der göttlichen Liebe durchdrungene Gedanke wird durch Wein versinnbildlicht. Beides, Brot und Wein ist *der Leib und das Blut Christi* oder das Wesen und die Kraft Gottes.

Dies ist alles sehr schön, wenn aber der Teilnehmer beim Abendmahle sich nicht geistig zu Gott erhebt und sich ihm annähert, so hat auch die Zeremonie keinen Wert und findet dann nur zum Scheine statt. Es findet keine Ernährung und Einweihung der Seele statt.

Die Firmung bedeutet das Wachstum des Glaubens durch den Einfluss der Yogakraft. (Kraft der Vereinigung).

Das Sakrament der Ehe weist auf die geistige Vereinigung des männlichen und weiblichen Prinzips im Menschen (Verstand und Gemüt) hin, woraus die göttliche Intuition geboren wird. Die Ehe ist aber nicht nur von den Menschen zu diesem Symbol gemacht worden, sondern ist tatsächlich dieses Symbol. Sie ist selbst jener geistige Vorgang, nur auf einer niederen Ebene, deshalb ist die Ehe heilig. Wenn aber bei der ehelichen Verbindung zweier Menschen diese geistig-göttliche Liebe nicht die Grundlage ihrer Vereinigung bildet, so ist eine solche Ehe zeitlich und vergänglich.

Die Ölung. Wenn der Mensch in das innere Leben einzugehen vermag, ergießt sich eine unaussprechlich besänftigende Ruhe über die tosenden Wogen der Gemütsbewegungen gleich wie Öl die schwankende Fläche der Wasser zur Ruhe zurückruft, den Schmerz der Wunde lindert und Reibung vermindert. Besonders vor dem Tode ist es von besonderer Wichtigkeit, wenn die Seele diese *Ölung* empfängt. Die äußere Handlung ist nur Symbol und kann als Begleiterscheinung angängig sein; ist aber durchaus ein Unsinn, wenn die *innere Ölung* nicht stattfindet.

Eine wichtige Zeremonie, die wir bei der katholischen Christenheit finden, ist: das Zeichen des Kreuzes über Brust oder Stirn zu schlagen. Es ist dies in einem Sinn eine Erinnerung an das Gelübde, das man seinem höheren Selbst gegeben hat und zugleich eine *okkulte Übung* um das innere Gefühl zu wecken. Die Hand wird in *geweihtes Wasser* getaucht, wodurch die Reinheit der Gedanken symbolisiert wird und wodurch unter gewissen Bedingungen auch tatsächlich die Reinigung des Gemüts gefördert werden kann.

Auch Farben und Töne haben einen mystischen Sinn, Die sieben Farben entsprechen den sieben Grundtönen in der Natur und da beides, Farbe und Ton gewisse Seelenschwingungen beim Menschen hervorrufen, so wurden sie von Alters her beim Gottesdienst in entsprechender Weise verwendet. Beides ist jetzt aber einerseits in ausgesprochene Kirchenmusik und andererseits in Kunstmalerei ausgearbeitet, was alles sehr schön sein mag, aber leider keine mystische Bedeutung hat und auch nicht jene Wirkung ausübt, die zu bestimmten Zwecken nötig ist. Rot hat zum Beispiel eine ganz andere Wirkung auf das Gemüt als Blau; noch eine andere hat Grün. Ähnlich verhält es sich mit den Tönen. Der Grundton hat immer ganz anderen Charakter als die Quinte, noch anders spricht die dazwischenliegende Terz, usw. Wir können nicht näher auf dieses Gebiet eingehen, da wir zu sehr auf ein anderes Gebiet abschweifen müssten.

Wer hat nicht schon über die Bedeutung des Christbaumes nachgedacht? – ein Symbol, das sich allgemein eingebürgert hat, aber nicht verstanden wird. Möchte doch jeder Christ sich einmal in dieses Symbol vertiefen, wenn er Weihnachten feiert.

Wenn im Menschen jenes neue Leben geboren wird, das nur einige wenige unter hundert Tausenden praktisch erfahren haben, dann wird nicht nur die Seele, sondern auch der Leib verjüngt, also buchstäblich wiedergeboren. Paracelsus nannte diese verjüngende Kraft die Medizin der *Prima Materia*, die aber schwer zu erlangen sei. Es ist eine Quelle, die nie abnimmt, wenn man aus ihr schöpft, es ist das göttliche Leben selbst, das unerschöpflich ist, es stirbt nie, es fließt immerfort und gleicht einem immer grünenden Baum, dessen Laub nie verdorrt.

Und wer von den Früchten dieses Lebensbaumes genießt, der wird das ewige Leben haben. Bei den Griechen sind es die goldenen Äpfel der Hesperiden, die den Menschen unsterblich machen, die aber ebenfalls schwer zu erlangen sind. Die Tanne ist nun bei uns der einzige Baum, der immerwährend grünt und deshalb wurde aus dem Tannenbaum der Baum des *Lebens* gemacht. Die Krippe, die sich oft unter dem Christbaum befindet, bedeutet die Geburt des Gotteskindes im Menschen, welches dem Menschen das *Geschenk* des *neuen Lebens* bringt.

Die verschiedenen Festtage während des Jahres bezeichnen esoterisch: verschiedene Stufen, die bei dem inneren Wachstum durchlaufen werden. – Vieles wäre noch über die christliche Symbolik zu sagen, jedoch das Gebiet ist zu weitläufig als dass hier alles in Kurzem behandelt werden könnte. Nur eines wollen wir zum Schluss noch erwähnen, weil es in allen Religionen vertreten ist, — in der katholischen Kirche bekannt als die Mutter Gottes auf der Mondsichel stehend.

Die wirkliche *Mutter Gottes* ist das *Ewig-Weibliche* im Weltall im Gegensatz zum Vergänglich-Weiblichen. Es ist das weibliche Prinzip, das Lebensprinzip, das Leben Gebende oder die göttliche Liebe, während das männliche Prinzip, die Universalintelligenz ist. Aus beiden geht die göttliche Weisheit hervor, der Sohn oder das Licht der Welt (im Menschen Buddhi-Manas).

Bei den Indern ist die Mutter Gottes Maya, bei den Griechen Aphrodite, bei den Ägyptern Isis, bei den Christen Maria, sie alle gebären den Erlöser. Aber im Menschen selbst soll dieser Sohn geboren werden. Im Menschen selbst ist der göttliche Lebenskeim enthalten, in ihm selbst ist Maria (Buddhi) als Träger dieses Keimes, und in ihm selbst findet die Empfängnis statt.

Das ist die Hauptbedeutung der bekannten Erzählung. Dieser Träger des Lebenskeims wurde nun überall symbolisiert durch ein Schiff, das den Keim gleichsam über Wasser hält, und bezog sich sowohl auf den Menschen als auch auf den Kosmos. Dieses Schiff bildete bei allen Völkern das *Allerheiligste*.

Bei den Juden war es die Bundeslade, bei den Griechen die Argha, ihr Opfergefäß, bei den Hindus die Yoni. Vielfach vertrat es ein Sarkophag, der in den Tempeln angebracht war. Dieses Emblem hatte gewöhnlich, wie gesagt, schiff- oder mondsichelähnliche Figur und ist jetzt in der christlichen Kirche das Schiff.

Die Mondsichel wurde auch mit diesem Schiff in Verbindung gebracht und war von jeher das Symbol des Weiblichen oder der weiblichen Gottheiten, während die Sonne für das Männliche stand. Und jetzt wird uns klar, warum Maria auf der Mondsichel steht. Das Symbol ist durch diese Auslegung nicht erniedrigt, sondern erhöht. Es gab eine Zeit, wo es übel angebracht gewesen wäre, solche Dinge öffentlich zu besprechen; da die Menge nicht für das Verständnis derselben reif war (jetzt?), so wären diese Symbole samt ihren Hütern profaniert worden. Nun sind aber die Zeiten wieder anders. Die *Hüter* verstehen ihre Symbole selbst nicht mehr und von der Menge sind sie bereits in den Schmutz herabgezogen und missverstanden worden. Schlimmer kann es nicht werden. Und aus diesem Grunde scheut sich der Schreiber auch nicht, nachfolgenden Versuch zu machen, einige Freimaurer-Symbole zu erklären, beziehungsweise zu deuten.

5. Einige Symbole der Freimaurer und Rosenkreuzer

Das Wort *Freimaurer* hat im eigentlichen Sinn eine ganz andere Bedeutung, als man glaubt. Unter einem Freimaurer stellt man sich gewöhnlich einen Menschen vor, der an nichts Höheres mehr glaubt, einen sogenannten Freidenker oder Gottesleugner. Dies mag bei manchen der Fall sein, die diesen Namen tragen. Der ursprüngliche Sinn dieses Wortes war aber ein anderer.

Es handelte sich vielmehr darum, den Tempel der Freiheit aufzubauen unter den Menschen, der geistigen Freiheit nämlich, der Freiheit von irdischen Fesseln. Die Entwicklung der Menschheit gleicht einem Tempelbau, worin die Gottheit wohnen soll, geradeso wie jeder einzelne Mensch ein *Tempel* Gottes ist, sogar der einzig wahre Tempel. Tatsächlich waren die Gotteshäuser ursprünglich nichts anderes als eine Darstellung des Menschen.

Die ganze Konstruktion, die Verhältnisse, Maße, usw., waren eine symbolische Wiedergabe des menschlichen Wesens. Die Einfriedigung, die gewöhnlich um das Gotteshaus gezogen wurde, wies hin auf den Zauberkreis, den der sich beherrschende Mensch um sich zieht, damit nichts Niedriges und Gemeines eindringen kann. Die fünf Tore, die ursprünglich am Gebäude angebracht wurden, beziehen sich auf die fünf Sinne des Menschen. Im Inneren befindet sich das Heiligtum.

Das Schiff der Kirche mit seiner Ausdehnung in Länge und Breite stellt die Basis des inneren Lebens dar, während der Turm den inneren Aufstieg zum Höchsten andeutet, den nur wenige unternehmen.

Der Weg geht in Form einer Spirale steil hinan. Unten ist der Turm breit und massiv, aber je höher man steigt, desto mehr wird die Last, die Materie überwunden, desto luftiger wird er, und schließt zuletzt mit einer Kreuzblume (wie dies uns beim gotischen Baustil entgegentritt), die gleich der Seele ihre Arme dem Unendlichen entgegenstreckt, um das göttliche Licht zu trinken.

Der wahre Tempel der Menschheit ist immer noch im Bau begriffen und es wird wohl noch lange daran gebaut werden müssen; aber jeder, der an diesem Tempel der Befreiung von Unwissenheit arbeitet, ist ein Frei-Maurer; jeder, der für das geistige Wohl der Menschheit arbeitet, ist ein Mitglied der echten Freimaurerei.

Nun hat aber das Freimaurertum noch einen inneren verborgenen Sinn, der eigentlich nur mit einigen Andeutungen gegeben werden kann. Vor allen Dingen baut sich der wahre Freimaurer selber frei von den irdischen Fesseln, in die er wie jeder andere Mensch geschmiedet ist.

Er strebt darnach, *von sich selber* frei zu werden, frei von seinem eigenen persönlichen Ich, frei von dem widerwärtigen Tier, das er mit sich herumschleppt. Durch dieses Streben findet schließlich das Freiwerden des *Astralleibes* statt. Dieser Astralleib ist nämlich beim gewöhnlichen Menschen sozusagen unentwickelt, er ist in Fleisch und Blut gebannt, unfrei und mit den Sinnen *verstrickt*. Er ist derjenige Leib, in dem die höheren Wahrnehmungsfähigkeiten liegen, die aber infolge der persönlichen Fesseln, die dem Menschen anhaften, noch latent sind.

Durch Vergeistigung, Veredelung, absolut reines Denken und Selbstbeherrschung wird dieser geistige Leib frei und lebensfähig, und dies ist die wahre Auferstehung des Geistes, von der Paulus spricht: »Es wird gesät ein fleischlicher Leib und wird auferstehen ein geistiger Leib.«

Dieser Aufbau findet aber sehr langsam statt, es muss *ein Stein* nach dem anderen eingefügt werden; und sehr vieler solcher *Steine* bedarf es. Diese Steine bestehen aus den überwundenen Leidenschaften und abgestorbenen Begierden; die niederen Gedankenformen (Elemental) müssen in gute umgewandelt werden und diese bilden dann die Steine in dem großen Gefüge. Nicht eher kommt der Schüler bei diesem Aufbau einen Schritt weiter, als bis er jeweils wieder eine niedere Kraft in sich in eine höhere umgewandelt hat; dies geht so fort, bis schließlich das ganze Tier ausgerottet ist. Aber nur derjenige kann dies vollständig begreifen, der es selber erlebt und ein solcher ist auch ein echter Freimaurer.

Um ein Gebäude zu errichten, sind Werkzeuge erforderlich. Dies gilt auch für den seelischen Neubau des Menschen. Der Maurer braucht Hammer, Kelle, Lot, Winkel und Zirkel, usw.

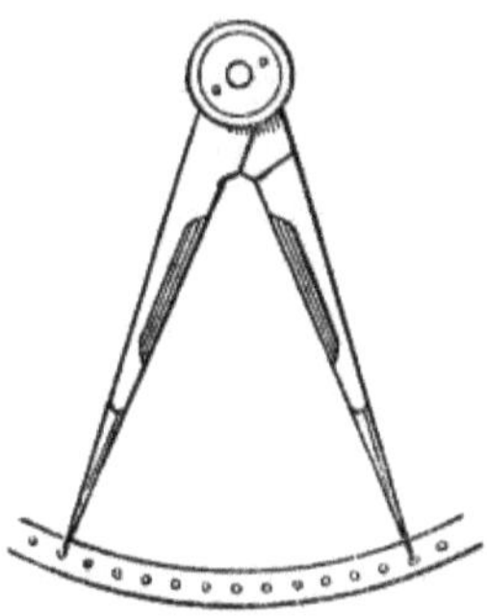

Der Zirkel als Darsteller des Kreises (Zentrum und Peripherie) ist symbolisch das Instrument um das Ewige in das Zeitliche zu übertragen (im Menschen). Und dieses Instrument ist der *geistige Glaube*. Dies erscheint dem Leser im ersten Augenblick kurios. Wir wollen deshalb ein bischen tiefer auf dieses Rätsel eingehen. Der Kreis, dessen Peripherie unendlich und dessen Zentrum überall ist, ist das Symbol des Ewigen, des göttlichen Bewusstseins, welches das ganze Weltall umfasst, aber auch überall gegenwärtig ist; es ist das göttliche Prinzip im Menschen. Aber die Persönlichkeit des Menschen an sich ist etwas Vergängliches. Der Zweck des Daseins ist, dass das Ewige in der Persönlichkeit offenbar werde, wodurch letztere selbst der Unsterblichkeit teilhaftig wird. Das Unendliche soll sozusagen in die endliche Form hineinkonstruiert werden. Da aber die vergängliche Persönlichkeit dem Quadrat (Körper, Lebenskraft, Doppelgänger, Tierseele) entspricht, so bekommen wir die Quadratur des Kreises. Das Instrument ist der mystische Glaube (Zirkel), der das Ewige (den Kreis) umfasst und das übertragene Maß ist = 12 (Vollkommenheit) (siehe weiter unten bei Pyramide).

Durch diesen Vorgang wird der alte Bewusstseinszustand vernichtet und es tritt an seine Stelle ein neuer. Der *alte Adam* wird abgelegt und *Christus angezogen.*

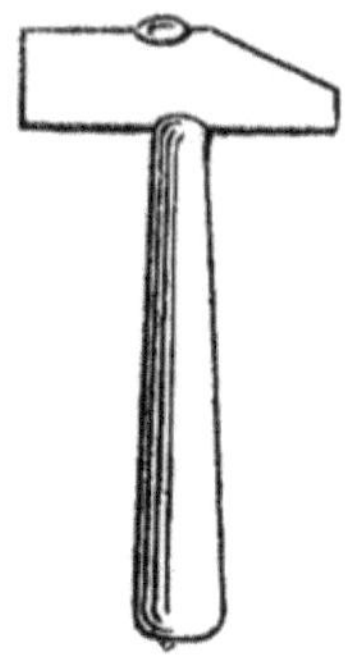

Das Alte muss zerschlagen werden mit dem Hammer, ein Instrument, das die alte Form zerschlägt und eine neue daraus macht. Der Hammer ist ein sehr altes Symbol. Wir finden ihn als *Thors Hammer* von den Zwergen geschmiedet gegen die Riesen (die rohen titanischen Kräfte der Natur).

Er ist der Hammer im Buch des verborgenen Geheimnisses, welcher Funken aus den groben Feuersteinen schlägt, welche Funken dann zu Wellen werden. Er ist der Swastika der Inder mit seinen 4 rechtwinklig gebogenen Armen, was auf die beständige Bewegung, Umwälzung und Erneuerung der Kräfte hinweist.

Alles dies findet sich auch im menschlichen Geistesleben wieder. Die alte Bewusstseinsform wird zerschlagen und daraus eine neue geformt.

Der Hammer ist das Zeichen der Erneuerung (Wiedergeburt), aber in seiner äußeren Bedeutung weist er hin auf die Umbildung und Erneuerung menschlicher Systeme und Einrichtungen. Dieses Symbol hat eine überaus tiefe und vielseitige Bedeutung. Es birgt die größten Geheimnisse.

Blavatsky sagt: »das Licht, welches unter dem göttlichen Hammer hervor scheint, welcher jetzt zu dem Hammer der Stuhlmeister der Freimaurerlogen verkleinert ist, genügt, das Dunkel irgendwelcher menschlicher Systeme oder Einbildungen zu zerstreuen.«

Das bindende Material eines Gebäudes wird mit der Kelle aufgetragen. Die allgemeine Bedeutung der Kelle ist der Willen zum Guten, wodurch Gottes Tempel in der Menschheit aufgebaut wird.

Aber für den Einzelnen hat dieses Symbol einen noch viel tieferen Sinn. Das zusammenhaltende Prinzip beim Aufbau des inneren geistigen Menschen ist die göttliche Liebe, die sich über das ganze Weltall ausdehnt.

Wer diese Liebe nicht fühlt, der hat kein Material das den geistigen Organismus zusammenhalten könnte. Ohne diese Liebe ist alle *okkulte Entwicklung* ein Fantasiegebilde und führt zum Irrsinn und Zerfall.

Die Liebe ist allein die Macht, die zusammenhält und aufrechterhält. Kein Mensch kann ein erfolgreicher Freimaurer sein, ohne diese Liebe.

Die innere Sammlung aber ist es, wodurch dieses bindende Material dem geistigen Bau einverleibt wird. Wenn aber das Material (Liebe) nicht vorhanden ist, so hat auch die Kelle (Sammlung) keinen Wert, sondern führt höchstens zur schwarzen Magie oder dem Wahnsinn.

Weiter ist erforderlich das Lot (der Senkel). Damit ein Gebäude nicht umfällt, muss es lotrecht sein.

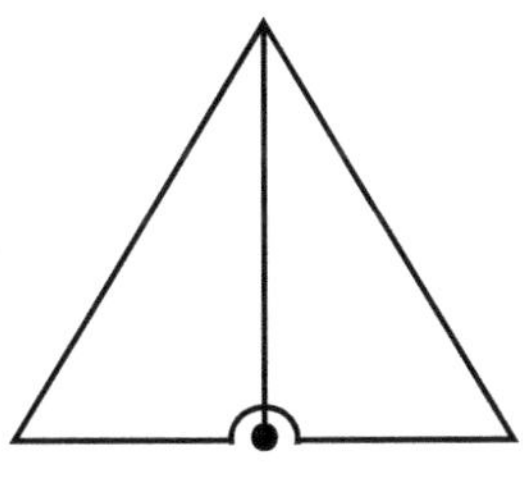

Die senkrechte Linie stellte von jeher und überall das männliche oder denkende Prinzip im Weltall dar, die Waagerechte dagegen das weibliche Prinzip (Wille, Liebe). Beide Linien beisammen bilden das Kreuz. In diesem Sinne ist es auch das Symbol des Menschen (Verstand und Gemüt).

Dieses Symbol ist nicht aufs Geradewohl erfunden worden, es ist eine ewige Wahrheit, die erschaut wird vom Mystiker. Ist es nicht bemerkenswert, dass etwas Aufrechtes nicht stehen kann, wenn es nicht im Senkel errichtet ist?

Dieses Gesetz ist ebenfalls nur die materielle Wiederspiegelung ans der geistigen Welt der Ursachen und Ideen. Die seelische Entwicklung des Menschen muss mit dem Verstand (Lot) im Einklang stehen. Der Mensch soll dem Glauben auch das Wissen hinzufügen, sonst wird sein Gebäude schief und bricht am Ende zusammen.

Der innerste Sinn dieser Wahrheit bezieht sich darauf, dass man bei dem Bau des Gottestempels im Menschen, zu der ewigen Liebe auch das Begreifen und Erkennen zugesellen muss, dass man bei der inneren Sammlung oder Meditation nicht den Kopf verlieren darf. *Meditation* heißt nicht das Denken unterlassen und sich in der Unendlichkeit verlieren, denn dies führt zur Mediumschaft und Besessenheit, zum Unbewusstsein.

Man soll vielmehr alles durch den Verstand prüfen, was die Seele empfindet, damit bei dem geistigen Neubau die normale Richtung nicht verloren geht. Wohl kann sich der Verstand nicht selbst zum Ewigen aufschwingen, sondern nur das Gemüt, aber der Verstand ist der unerlässliche Diener desselben und darf nicht fehlen. Das Lot gehört auch nicht zum Gebäude selbst, ist aber zur Errichtung desselben nötig.

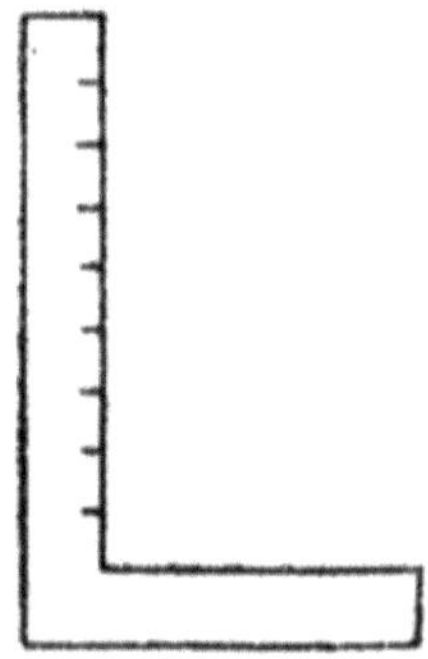

Ebenso unerlässlich ist der Winkel. Er gibt Maß, Zahl, Einteilung, wonach das Baumaterial gestaltet wird. Alles muss nach einem Prinzip ausgearbeitet werden, d. h., alle Gedanken, alle Handlungen und alles Wollen des Menschen muss von nun an nach dem Gesetz des höheren Lebens gestaltet werden.

Der tiefste und mystische Sinn dieses Zeichens ist die Ergebung des menschlichen Willens in den Allwillen, wodurch der Wille Gottes der Wille des Menschen und das *Maßgebende* wird. Das unbedingte Sichfügen in das Karmagesetz ist nötig, um ein Freimaurer zu sein und ein Wiedergeborener zu werden. Der ganze Bau muss ein *Gefüge* sein.

Das Dreieck mit dem Auge (Gottesauge) stellt in erster Linie das Gesetz der Gerechtigkeit oder Karma dar. Es ist das Auge des Gesetzes, das alles sieht, der große Wächter, dessen Blick stets auf jedes Wesen geheftet ist und alle Taten in das Buch der Natur einzeichnet (Akasha-Chronik). Die andere Bedeutung ist folgende:

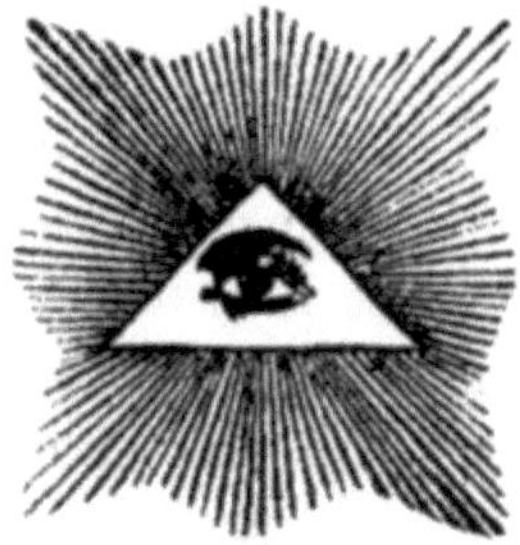

Alle Dinge bilden eine Dreiheit, wie am Eingang unserer Abhandlung schon erwähnt. Jedes Ding besteht aus der Idee, die ihm zugrunde liegt, aus der Energie und aus der Form. Jede Form ist also eine Drei. Drei ist die Zahl der Form, weil sie die geoffenbarte Einheit ist.

Tritt aber in einem Wesen die Erkenntnis der ihm zugrunde liegenden Einheit ein, dann wird die Drei an sich als etwas Unwesentliches erkannt. Es erwacht dann das über und unabhängig von der Dreiheit stehende Gottesbewusstsein, das Eine, das allsehende und allwissende Gottesauge.

Dadurch wird die Drei zur Vier, der Zahl der Wahrheit. Der Mensch erschaut dann das wahre Wesen aller Dinge und seiner selbst. Jedes Wesen und jedes Ding in der Natur ist eine solche Dreiheit, und dem Erleuchteten schaut aus jedem Ding dieses Gottesauge entgegen.

Der fünfzackige Stern stellt den Menschen dar mit seinen fünf Sinnen. Steht diese Figur auf der Spitze, so stellt sie den Außenmenschen dar, welcher die Wahrheit nicht erkennen kann, sondern nur deren verkehrtes Spiegelbild, weil er selber verkehrt ist. Verbinden wir die Punkte bei dem Fünfeck im Zentrum, so konstruiert sich von selbst ein inneres aufrechtstehendes Gegenbild des Äußeren, mit der Spitze nach oben (der Innenmensch).

Den fünf körperlichen Sinnen liegen fünf geistige zugrunde, die das Wesen der Natur erkennen, während die äußeren nur die Erscheinung wahrnehmen. Nur der Innenmensch erkennt die Wahrheit, wird aber der Außenmensch für wesentlich gehalten (steht die äußere Figur aufrecht), so muss der Innenmensch betäubt sein (es steht das innere Gegenstück verkehrt).

Die fünf Sinne haben wie gesagt fünf innere Sinne zur Grundlage und in diesen haben sie ihr Wesen. Diese sind aber in Wirklichkeit nur einer sind miteinander identisch, das innere gebildete Fünfeck ist nur eine Fläche. Ist es übrigens nicht sonderbar, wie bei der Konstruktion des fünfzackigen Sternes aus fünf geraden Linien zugleich ein inneres Fünfeck gebildet wird? Diese Figur ist von großer Bedeutung.

Die *sieben Sterne* waren schon bei den Mystikern und Alchemisten des Mittelalters die Zeichen für die sieben Bewusstseinszustände sowohl im Weltall als im Menschen; es ist das materielle, das empfindende, das tierische, denkende, das vernünftige, das erleuchtende und das göttliche Prinzip.

Die sieben Planeten sind identisch mit den sieben Prinzipien der Inder und der jüdischen Kabbala. Im alten Testament waren es die sieben Leuchter, Jakob Böhme spricht von sieben Quellgeistern. Sieben war in allen Religionen eine heilige Zahl. Am deutlichsten findet sich die Bedeutung der sieben in der indischen Philosophie. – Die sieben Sterne bedeuten aber auch die sieben Stufen des mystischen Erwachens und die sieben mystischen Töne der Stille.

Die drei höheren Prinzipien, das *Unsterbliche* im Menschen werden durch ein dreifaches Licht dargestellt, oder durch die *drei Lichter*. Es ist das Eine göttliche Leben und damit gemeint, dass es im Menschen als eine Dreiheit (Atma-Vuddhi-Manas)geoffenbart ist, die göttliche Dryade im Menschen. Im Buch *Dzyan* ist es die dreizüngige Flamme mit den vier Dochten,

d. h. die höhere Dreiheit ist in der niederen Vierheit verkörpert und wird durch diese offenbar. Das Höhere hat das Niedere nötig, das Vergängliche ist die Basis, auf der der Mensch zum Gottesbewusstsein gelangen kann. Dies geschieht aber nur, indem er in allem, was er tut und denkt, das Dauernde vom Vergänglichen unterscheidet und das Vergängliche überwindet. Zu dieser Scheidung dient das Schwert, wie wir des weiteren sehen.

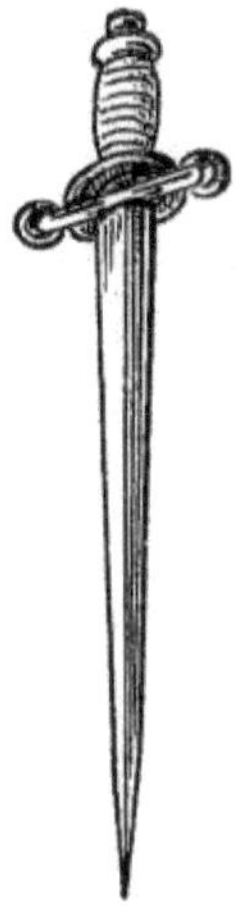

Es ist der geistige Wille, deutlicher gesagt: der magische Wille, der den Menschen befähigt, astrale Einflüsse, Dämonen, Elemental und Teufel zu vernichten. Wer dies nicht glauben und verstehen kann, nehme es mit anderen Worten.

Es ist die magische Kraft der Selbstbeherrschung. Aber dieses Schwert bekommt erst dann seine übernatürliche Schärfe, wenn ihm die Erkenntnis der Wahrheit zugrunde liegt.

Die Erkenntnis: »Ich bin dem wahren Wesen nach göttlich und frei, es gibt kein wirkliches Übel, alles ist gut«, besiegt alle Begierden, Leiden, Krankheiten und Dämonen.

Die Pyramide ist das Sinnbild der Vollkommenheit, des in der Materie vollkommen geoffenbarten Göttlichen. Denn das Absolute, welches unend liches Bewusstsein ist, ist formlos. Offenbart es sich im Zeitlichen, so wird es zu einer Dreiheit (Länge, Breite, Tiefe). Wenn aber die zugrunde liegende Einheit in der Drei erkannt wird, so entsteht mit dieser Einheit, die Vier, die Zahl der Wahrheit.

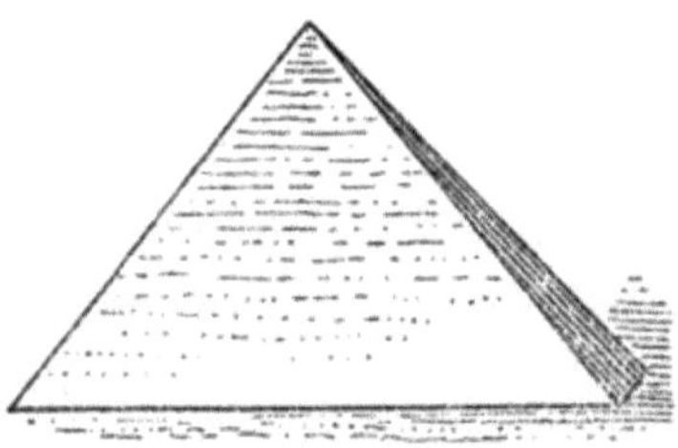

Dies wird dargestellt durch die Pyramide, deren Basis die Vierheit ist, und deren vier dreikantige Seiten oben in der Einheit münden (Dr. Hartmanns *Magie*). *Zwölf* ist die Zahl der Vollkommenheit.

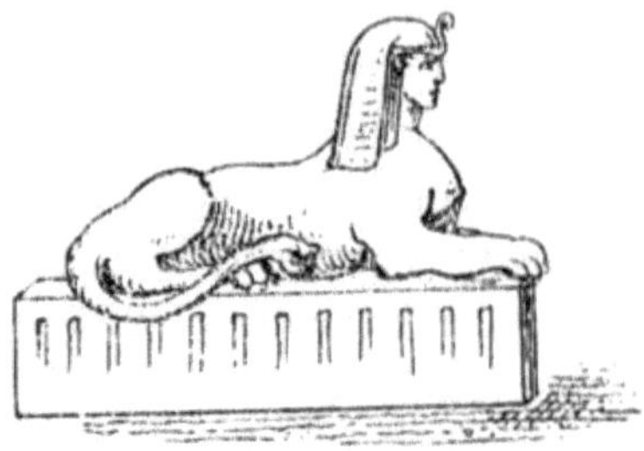

Das Rätsel des Daseins, die absolute Wahrheit desselben, die Wirklichkeit wurde in Form eines Rechtecks dargestellt! Auf ihm ruhte die Sphinx, die furchtbare *Hüterin der Schwelle*, die jeden, der die Wahrheit noch nicht erkennt, in den Abgrund stürzt, das heißt: jeder Mensch, der noch nicht zur Selbst- und Gotteserkenntnis gelangt ist, ist noch dem Rad des Wechsels, der Wiederverkörperung unterworfen. Der tiefere Sinn dieser Allegorie bezieht sich auf die inneren Prüfungen des Mystikers und auf okkulte Übungen, und kann leider nicht beschrieben werden. Ich erwähne nur die Worte der Bibel: „Wehe dem, der zur Hochzeit kommt, und kein hochzeitliches Kleid anhat, er wird gestoßen in die äußerste Finsternis, usw.«

Wir haben nun die meisten freimaurerischen Symbole behandelt und teilweise zu erklären versucht. Viel bliebe allerdings noch übrig, um aber über Symbole überhaupt eine Übersicht zu bieten, soll vorerst nur das wichtigste dargelegt werden.

Kurz zu erwähnen ist noch *Hiram im Sarg*, der alte Mensch, der sterben muss, wenn der neue erwachen soll. Das *Leichentuch* versinnbildlicht den Schleier der Illusion (Maya), der zunichte wird, wenn der Gottmensch erwacht.

Das *Licht vom Osten* ist der Sonnenstrahl der Erleuchtung, während der Mond das Irrlicht des Verstandes darstellt. Der Schüler bekommt, nachdem er den *Eid* (in Wirklichkeit sich selbst) geleistet, nach und nach die verschiedenen Auszeichnungen, die ihn befähigen, an dem großen Bau des *Tempels* mitzuarbeiten.

Außer den Werkzeugen, die weiter vorn schon ausführlicher erklärt sind, sei noch anzuführen: die Schürze, als Symbol der inneren Reinheit und Festigkeit, die den Menschen vor niederen Einflüssen schützt, vor dem *Schmutz* bewahrt; dann die Handschuhe, als Zeichen der Vorsicht.

Der Weise greift nichts direkt an, denn nicht er selbst ist es, der sich zu Handlungen bestimmt, ihn bestimmt das Gesetz. Hierher gehören nun noch die andern Werkzeuge, wie: Hammer, Zirkel, Winkel, Lot. usw. Die Maurerkette, als Symbol der Zusammengehörigkeit. Der echte Freimaurer fühlt sich unnennbar verflochten mit der ganzen Menschheit, er fühlt sich als ein Glied der großen Kette.

Der Maurerhut aber weist darauf hin, dass der spekulative Verstand nun unter das glorreiche Joch der intuitiven Erkenntnis gekommen ist.

In Bezug auf das geistige Erwachen gibt es nun verschiedene Grade der Erleuchtung. Die Fähigkeit, zu arbeiten für das Wohl der Menschheit ist deshalb in verschiedene *Grade* geteilt, welche bezeichnet werden als Lehrling, Geselle, Meister, Großmeister, usw., wie wir dies in der Freimaurerei zum Teil finden.

Die Säule schließlich, die Stütze des Tempels der Weisheit, ist das Ich, das ewig unvergängliche, das alles Wissen und alle Erfahrung, die die Persönlichkeit macht, auf sich trägt. In noch tieferem Sinne ist sie das nie wankende, nie verstende höhere Ich im Menschen, an dem sich der Yogaschüler ununterbrochen festhalten muss, wenn er nicht in abscheuliche Besessenheit fallen will.

Wird aber statt des höheren Ich, das niedere gesetzt, dann wird der Okkultist zum Egoist und schwarzen Magier.

Der Rosenkreuzerorden, der während des Mittelalters blüte, hatte ähnliche Symbole wie die Freimaurer. Besonders hervorzuheben ist das Kreuz, in dessen Mitte eine Rose angebracht wurde. Da das Kreuz den Menschen vorstellte, so weist die erblühende Rose auf das Erwachen des neuen Lebens, aus die geistige Wiedergeburt oder Gotteserkenntnis hin. Das Wort *Wiedergeburt* kann übrigens sehr verschieden ausgelegt

werden, viele verstehen darunter eine Art Bekehrung, die Führung eines neuen Lebens, usw. Diese Vorgänge gehören jedoch alle noch dem persönlichen Menschen, dem Schein-Ich an und haben nichts mit der Geburt des Gottes im Gemüte zu tun. Dies letztere heißt nicht eine neue Lehre oder Anschauung annehmen, oder *ein anderer Mensch werden*, sondern mit Gott eins werden, wobei alles Persönliche aus dem Bewusstsein verschwindet.

Oft sieht man einen Pelikan abgebildet, der seine Brust aufreißt, um sein eigenes Leben zu opfern und dadurch seine Jungen am Leben zu erhalten. Es ist das Sinnbild des für das Wohl der Menschheit sich selbst aufopfernden Gottmenschen, die Brüder der *großen Loge*, die Gemeinschaft der Heiligen. Auch ist es das Symbol des *Logos* (Christos), der sein Blut (göttliches Leben) zur Erlösung alles irdischen vergießt, d. h., Gott nimmt freiwillig eine Selbstbeschränkung (in der Materie) auf sich, um die Einzelwesen zu sich emporzuheben, aus den Banden der Finsternis zu entreißen. Der Logos oder das geoffenbarte göttliche Lebenselement ist das große Opfer, das die Versöhnung bewirkt.

Der Adler mit der siebenzackigen Krone, mit Schwert und Szepter zeigt den Flug des Geistes an mit seinen Attributen Erkenntnis und Macht. Nebenstehende Figur ist die Kopie eines Rosenkreuzersiegels nach einer Echten Rosenkreuzernrkunde vom Jahre 1806 gezeichnet, während die andere das Kopfbild der betreffenden Urkunde repräsentiert, eine Zusammenstellung der verschiedenen Symbole und Utensilien.

6. Tiersymbole

Die Eigenschaften der Tiere sind charakteristisch und verschiedenartig. Während der Mensch in Summa die Eigenschaften aller Tiere in sich birgt (latent), treten sie im Tier im Allgemeinen nur einzeln aber ausgeprägter auf und bilden solcherweise die jeweilige Charakteristik desselben. Das Tier ist in sofern der Ausdruck einer besonderen kosmischen Kraft der Weltseele und buchstäblich ein Symbol derselben. Es ist deshalb sehr einleuchtend, warum Tierformen allenthalben zum Symbol von schöpferischen Kräften (Göttern) gemacht und heilig gehalten wurden. Besonders in Ägypten und Indien finden wir diesen Kultus; er ist aber in jeder anderen Religion auch vertreten (Christentum, Lamm, Taube, u.a.m.) Es wird vielleicht willkommen sein, in dieser Beziehung einige Andeutungen zu machen, die der Leser noch weiter ausspinnen mag.

Das am meisten und in jeder Religion angewandte Tiersymbol war wohl die Schlange (oder der Drache) das Symbol der Intelligenz und Weisheit. Die Schlange windet sich wie die Weisheit durch alle Hindernisse geschickt hindurch. (Seid klug wie die Schlangen!) Da aber das intelligente Prinzip zugleich auch die Ursache des Bösen in der Welt ist, solange ersteres an die Form gefesselt ist, so hat aus diesem Grunde die Schlange von jeher zwei Bedeutungen gehabt, sowohl die des Guten als auch des Bösen.

Moses macht eine *eherne Schlange* der Weisheit zum Schutze gegen die giftigen Schlangen der Leidenschaft. Die Hauptbedeutung der Schlange war aber die der Weisheit bei allen Völkern. In Anbetracht dessen werden wir verstehen und nicht in Verwirrung geraten, wenn die Mystiker und Weisen der Inder, Chinesen und vieler anderen Völker, Drachen oder Schlangen genannt wurden; nur im Christentum ist dieses Tier gänzlich zum Emblem des Teufels herabgesunken

Die Kuh ist sowohl in Indien wie in Ägypten das Symbol des weiblichen, lebengebärenden Prinzips im Weltall. Es war das Zeichen für die Mutter der schöpferischen Kräfte, die Mutter Gottes, die Weltenseele und wurde deshalb heilig gehalten. Wer in Indien ein *zweimal geborener*, ein Brahmine werden will, der muss durch die Kuh hindurchgehen – eine sinnreiche Zeremonie. Dieses Symbol steht in enger Beziehung zur Arche, dem weiblichen Prinzip, das die Lebenskeime im Schoße aufbewahrt, zur Bundeslade der Juden, zum Sarkophag der Cheopspyramide, (zum Sarge der Freimaurer?) zum schiffähnlichen Opfergefäß der Griechen, zur Yoni der Hindus, zur schiffähnlichen Mondsichel der Mohammedaner, zur Jungfrau Maria auf der Mondsichel in der christlichen Mystik und zum Schiff der heutigen christlichen Kirche. (Siehe oben über christliche Symbole).

Die meisten Tiersymbole sind bei den Ägyptern zu finden. Ihre Götter stellten sie dar in menschlichen Figuren, mit entsprechenden Tierköpfen versehen. Eines ihrer wichtigsten Tiersymbole war das Krokodil, als Vertreter des Bösen, da es mit dem ersten Sonnenstrahl (dem Guten) aus den Wassern auftaucht (ins Dasein tritt) denn Gut und Bös sind Zwillinge Gut ist relativer Begriff. Wo Gut ist, da ist auch Bös, siehe Geheimlehre II. Seite 100. Der Widderkopf auf den Figuren sollte die Vorstellung der schöpferischen, männlichen Kraft hervorrufen, der Kuhkopf mit der Sonnenscheibe zwischen den Hörnern, weist auf die Licht gebärende Materie, der Froschkops bedeutet das Uranfängliche, der Hundskopf das hütende und bewahrende Gesetz in der Natur (Karma), der Sperberkopf das Ausstreben nach dem Höheren. Häufig sieht man auch eine Vogelfeder auf dem Kopfe der Figuren. Dieses Zeichen erinnert an Beweglichkeit, Leichtigkeit, Vergeistigung, Geist.

Den Widder oder die zeugende Kraft in der Natur finden wir auch bei den Juden wieder als den Bock; bei den Römern war es *Pan* mit Hörnern und Hufen, der Gott der Natur, der Zeugung. All dies wurde bei den Christen zum Satan, welcher in ähnlicher Gestalt vorgestellt wird. Bei den Juden stellte er als der Sündenbock auch den Fall des Geistes in die Materie (Zeugung) dar und war so das

Opfer, das zur Genugtuung für alle Sünden von Israel gewählt wurde. Diese Bedeutung haben aber die Juden vergessen und die Christen niemals gekannt.

♈ = Widder
♉ = Stier
♊ = Zwillinge
♋ = Krebs
♌ = Löwe
♍ = Jungfrau
♎ = Waage
♏ = Skorpion
♐ = Schütze
♑ = Steinbock
♒ = Wassermann
♓ = Fische

Die zwölf Tierkreiszeichen des Himmels, die eine tiefe Wahrheit enthalten in Bezug auf die geistige Entwicklung der Menschheit (siehe Lotusblüten, Fr. Hartmann, Bd. 4), standen von jeher in naher Beziehung zu Religion und Mystik. So wurde das Zeichen, in dem die Sonne bei der stetig vorrückenden Frühjahrs-Tag- und Nachtgleiche stand, zum Symbol des jeweiligen Welterlösers. Beiden assyrischen Oannes wurden es die Fische, dem ägyptischen Osiris der Stier, daher der heilige Stier der Ägypter (Apis), bei dem Weltheilande der Christen der Widder oder das Lamm, daher das Lamm Gottes usw. Die zwölf Tierkreiszeichen bedeuten eigentlich – esoterisch – das Herabsteigen des Geistes in die Materie, die Kreuzigung und das Wiederaufsteigen (Himmelfahrt).

Der unterste Punkt ist der tote Punkt, durch das siebente Zeichen ausgedrückt, die Waage. Wir können nun leider nicht tiefer in jenes Gebiet eindringen, da es gar zu umfangreich ist. Es kann gesagt werden, dass die zwölf Zeichen in astrologischer und metaphysischer Beziehung stehen mit den zwölf Söhnen Jakobs, den zwölf Göttern Griechenlands, den zwölf Monatsgöttern der Germanen, dann esoterisch zu den sieben Prinzipien (Planeten) oder Bewusstseinsaspekten der göttlichen Einheit sowohl im All als auch im Menschen.

☉ Sonne (Atma)
☽ Mond (Budhi)
☿ Merkur(Manas)
♀ Mars (Kama)
♂ Jupiter (Prana)
♃ Venus (Linga)
♄ Saturn (Stuhla)

Anschließend und damit schließend sei noch betont, dass Schreiber dieses den Ursprung der Tiersymbole, wie überhaupt alle religiösen Symbole nicht in der Dummheit, Einbildung, Rohheit oder dem Aberglauben der Völker sucht, sondern in der Weisheit ihrer Mystiker und wahren Erleuchteten; wenn aber diese Symbole nach und nach zu rein astronomischen Emblemen herabgezogen oder sogar zum rohesten Bilderdienst missbraucht wurden, so können ihre ursprünglichen Väter nichts dafür, denn *keine Religionsform ohne Symbole*, da die Wahrheit nur verhüllt gegeben werden kann. Auch der Christ von heute hat kein Recht, über die Götter der Heiden zu spotten, letztere hielten vielleicht ihre Symbole höher in Ehren, wie erstere.

Blavatsky sagt in Bezug auf die unbedachte Verurteilung der Schlangenverehrung der Alten, die doch nur das Symbol mit göttlichen Eigenschaften begabten, während das Tier selbst gehasst wurde: „Dies ist ungefähr ebenso (ungerecht), als wenn in ein paar Jahrtausenden ein Eiferer irgendeines neuen Glaubens, der darauf erpicht wäre, s eine Religion auf Kosten des alten Christentums zu verherrlichen, sagen würde: Überall wurde das vierfüßige Lamm angebetet; die Nonne, die es Agnus nannte, trug es auf ihrer Brust, der Priester legte es auf den Altar. Es figurierte bei jedem Ostermahl, und wurde laut in jedem Tempel gepriesen. Und doch fürchteten und hassten es die Christen, denn sie erschlugen und verschlangen es.

Heiden zum mindesten essen nicht ihre heiligen Symbole. Wir kennen keine Schlangen- oder Reptilienesser, außer in (christlichen) zivilisierten Ländern, wo sie mit Fröschen und Aalen beginnen, und mit wirklichen Schlangen enden müssen, ebenso wie sie mit dem Lamm anfingen und mit Pferdefleisch endeten."

7. Symbolik in der Natur

Wenn wir in die freie Natur hinausgehen, – oder auch, wenn wir nicht hinausgehen – überall wo wir hinblicken, sehen wir eine Welt voller Geheimnisse, tiefster Geheimnisse, die wir, weil wir sie gewohnt sind, zu sehen, nicht mehr beachten, aber trotzdem keineswegs Verstehen. Die höchsten Wahrheiten liegen in den einfachsten Dingen aufgezeichnet und wer ein Leben der Beschaulichkeit dem der trügerischen Empfindungen des Alltagslebens vorzuziehen vermag, der wird sie finden.

Die sichtbare Natur ist die Offenbarung des Geistes. Die ganze Welt ist auf Ideen aufgebaut, jedes Einzelding vom Atom bis zum Menschen ist die Verkörperung einer Idee, eines Gedankens, der in der Weltseele seinen Ursprung hat. Die Weltseele selbst ist eine Spiegelung des Absoluten, des Ewigen, welcher ihr feine Attribute ausgedrückt und welche dann ihrerseits wieder in der ganzen Natur reflektiert wird. So beruht Zahl, Maß, Form, Gewicht, Proportion, Farbe in der Natur durchaus auf keinem Zufall, sondern ist Ausdruck ewiger Gesetze und Symbol von geistigen Vorgängen sowohl in der Seele der Welt als auch im Geiste des Menschen, da der Mensch der Mikrokosmos (Welt im Kleinen) ist.

Was die Zahl anbelangt, so ist es schon längst erwiesen, dass bestimmte Zahlen eine große Rolle spielen in der Natur und es kommen dabei hauptsächlich die Zahlen 7, 4, 3 und 1 vor. Die Gesetze der Natur werden von Zahlen geleitet und alles durch Zahlen bestimmt. Die Ursache dieses Zahlensystems liegt in der geistigen Welt.

Aus der *Eins*, dem Urwillen ging alles hervor. Als erste geistige Offenbarung wird die Einheit zur Dreiheit (als Wille, Liebe und Intelligenz oder Vater, Sohn und Heiliger Geist). Aber zugleich war auch die Schattenseite der ersten Offenbarung ins Dasein gerufen, die Urmaterie, welche die Dreiheit in sich aufnahm, d. h., die Dreiheit spiegelte sich in ihr. Dadurch entstand die *Vier*, die zweite Offenbarung der Gottheit, welche mit der ursprünglichen *Drei* die *Sieben* bildet, die Wurzelzahl, aus der alle geistigen und materiellen Dinge im Universum in ihrer unendlichen Mannigfaltigkeit entsprungen sind. Der ganze Vorgang der ursprünglichen Entfaltung des geistigen Universums ist der äußerlichen Natur unauslöschlich ausgeprägt, eben weil sie der Ausfluss des Geistes ist, und wiederholt sich in ihr mit allen möglichen Kombinationen. Als erste Form in der Natur erscheint prinzipiell die Zahl 3 oder das Dreieck, wie dies im Mineralreich und Pflanzenreich gefunden werden kann, während die zweite Figur ein Viereck oder Würfel ist. Die größte Rolle spielt jedoch die Zahl 7.

Sie ist durchwirkt durch das ganze Weltall, ist in jedes Naturereignis unendlich verwoben und kehrt auf tausenderlei Weise in allen Dingen wieder. Sie zeigt sich in der siebenfachen Zerlegung des Sonnenstrahls, in den sieben Tönen der Musik, dem periodischen System in der Chemie, in den Perioden des Wachstums aller Organismen, als Zyklus bei Veränderungen der Lebensweise, bei Krankheit, Fieber, Brutzeit, Schwangerschaft, vom niedersten Organismus bis zum Menschen, wo sie in das geistige Leben eingreift, sowie als Wurzelzahl des menschlichen Körperbaus. Oft ist die Zahl 7 vertreten durch die 3 in Verbindung mit 4 in dem Falle z. B., wo ein vierfältiges System zugleich auch ein dreifaches ist; und wo die *Sechs* auftritt, ist dies immer ein Hinweis auf die *Sieben*. Es gibt keine sechseckige Figur in der Natur, die nicht eine siebente Eigenschaft aufweist, welche sich als Mittelpunkt in ihr findet, wie z. B. bei Kristallen und Schneeflocken. Wunderbare Zahlenkombinationen fallen besonders in der Pflanzenwelt und den Mineralien schön in die Augen. Unzählige Beispiele könnten angeführt werden.

Da Zahlen, Figuren, Farben u.s. w. in allen möglichen Kombinationen in der Natur vorkommen, so könnten wir die Symbolik in der Natur unter vielerlei Gesichtspunkten betrachten. Jedoch des Praktischen halber und auch der Einfachheit wegen, genügt es, das

Wesen der Zahlensymbolik in der Natur zu behandeln, denn damit hängt auch alles andere zusammen und erklärt sich dann von selbst. Denn jede Manifestation entspricht einer Zahl oder Zahlenkombination.

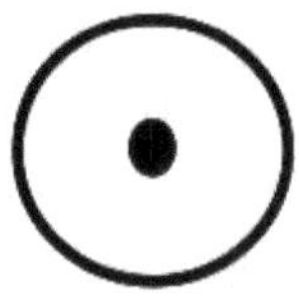

Die *Eins*, die Zahl des Uranfänglichen ist in der ganzen Natur zu finden als das Ei mit dem Lebenskeim im Zentrum. Wie aus der Eins alle Zahlen hervorgehen, und wie aus der ursprünglichen Einheit, dem unendlichen Kreis, dessen Peripherie grenzenlos und dessen Mittelpunkt überall ist (dem Weltenei) die offenbare Welt entstand, so finden wir in der Natur dieses Ei millionenfach wieder im Kleinen und Kleinsten, wie im großen, als diejenige Form, aus der sich ein Organismus entfaltet. Ob wir den Froschlaich im Teich oder den Sonnenball, der ihn bescheint, betrachten, das Symbol ist ein und dasselbe.

Die Zweiheit ist die Zahl der Täuschung und deshalb des Kampfes, aber durch sie wird das Leben geboren, denn wo Gegensätze sind, da entsteht Leben. Deshalb geht auch die ganze Naturentfaltung aus zwei Gegensätzen hervor, einerlei, in welcher Form diese auftreten.

Das Ei setzt sich mit den Einflüssen von außen in Wechselwirkungen, wodurch das Leben anfängt, zu pulsieren; darin liegt ein großes Geheimnis, sowohl geistig als materiell aufgefasst. So ist die kämpfende und lebensgebärende Zweiheit in der ganzen Natur wiedergespiegelt in allen Dingen als Positiv und Negativ, Licht und Finsternis, Hitze und Kälte, Anziehung und Abstoßung, männlich und weiblich, Gut und Böse, Lust und Schmerz, Liebe und Hass und so weiter.

Die Zweiheit, das Herausgehen aus dem Gleichgewichtszustand, war auch das Motiv der Schöpfung, wodurch das geistige und materielle Prinzip entstand oder in höherem Sinne Intelligenz und Liebe oder männlich und weiblich, Aktivität und Passivität. Deshalb ist jeder männliche Organismus in der Natur mehr mit aktivem Leben begabt (geflügelte Männchen vieler Insektenarten), während das weibliche, das passive, träge, materielle, aber Leben gebärende Prinzip darstellt, der weibliche Organismus ist immer gerundeter und seine Konstruktion auf Tätigkeit während äußerer Ruhe berechnet. In geistiger Beziehung gilt dasselbe Gesetz.

Es ist der Grund, warum das Weib scheinbar unvollkommener ist als der Mann, denn es ist das Symbol des materiellen, hat weniger Intellekt; es besitzt aber indessen umsomehr Widerstandskraft gegen Leiden und mehr Liebe, mehr Gemüt.

Die Dreiheit ist die Zahl der Form. Die beiden Gegensätze suchen einen Ausgleich, einen Ruhepunkt, eine Waage, wodurch sie sich ein Drittes zugesellen (wodurch das Leben geboren wird). Wo Leben offenbar wird, erscheint es deshalb immer als eine Dreiheit. Deshalb ist die erste Form, welche die Zweiheit in der Natur hervorbringt, die Drei oder das △ , denn jede Form hat mindestens drei Ausdehnungen. Die erste Form in der Natur ist die pyramidale, wie dies im Mineralreich und bei rudimentären Bildungen zum Ausdruck kommt.

Zwei bringen immer ein Drittes hervor, treten sie nun auf als Hitze und Kälte, Positiv und Negativ, Licht und Finsternis, Anziehung und Abstoßung, männlich und weiblich usw., Salz in Wasser aufgelöst, erzeugt zuerst, wenn es sich zu kristallisieren beginnt, pyramidale Formen; man sagt, dass die Teilchen des Feuers pyramidenförmig seien; sonderbar ist es auch, dass die ersten Bäume nach der Farnkrautzeit die pyramidale Gestalt annahmen. Aber dies ist alles ja nur Symbol, und wiederholt sich als solches auch bei solchen Dingen, die andern Zahlen entsprechen. Die Dreiheit wiederholt sich in unendlicher Weise, bei jeder Entfaltung erinnernd an das Urgesetz.

Die zweite Figur in der Natur ist das Quadrat und der Würfel, entsprechend der Zahl 4 und 6. Das Leben, das Formen angenommen, kann nämlich nicht bestehen bleiben im Gleichgewicht, es kann seine innewohnenden zwei Gegensätze nicht neutralisieren, wenn es nicht in der ihnen zugrunde liegenden Einheit Wurzel fasst, dadurch

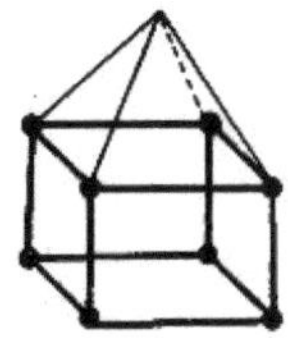

Festigkeit gewinnt. Dies ist dann das Grundmotiv aller Verdichtung und Verfestigung, es geht durch das ganze Universum als Leitfaden hindurch und kommt bei allen Phänomenen zum Ausdruck. So wird die Drei zur Vier, zur Zahl des Materiellen und Fruchtbaren, oder Weiblichen. Wir sehen also, auch in der Natur ist die Vier die Zahl des Weiblichen, während die Drei dem Männlichen entspricht.

Die drei Elemente werden in dem vierten vereinigt, zur Erde. 4 ist deshalb die zweite Zahl, die in der Natur zur Offenbarung kommt. So sehen wir, wie die Zahl 3 in der Natur oder das Dreieck in die 4 übergeht, in jeder Weise. Die Teilchen der Erde sind kubisch oder würfelförmig. 4 ist die Zahl der Elemente und 4 chemische Elemente sind es, auf die alles Stoffliche zurückgeführt werden kann: Wasserstoff, Sauerstoff, Stickstoff und Kohlenstoff.

Die Vier enthält aber in sich die Drei verborgen und bildet mit ihr die Sieben, die Wurzelzahl aller Dinge, das Mann-weibliche. Dies kann in anderer Hinsicht gezeigt werden:

Ein Viereck kann in zwei Dreiecke geteilt werden und ist somit mit der Sechs verwandt, weshalb ja ein Würfel sowohl der Zahl 4, als auch der Zahl 6 entspricht. Wo aber die Zahl 6 in der Natur vorkommt, da ist auch immer eine siebente Eigenschaft (erinnern wir uns an die sechsteiligen Krystalle und Schneeflocken). Wo also 4 ist, ist auch immer und wo sich irgendwo 4 Eigenschaften zeigen, sind die drei übrigen unbekannt oder unwahrnehmbar; deshalb ist die okkulte Lehre, wonach außer den Vier sichtbaren Elementen noch drei andere unsichtbare vorhanden sind, nicht so ungeheuerlich.

Auf diesen Grundgesetzen kann allein schon die ganze okkulte Wissenschaft begründet werden. Wie die Zahl 4 mit der 6 und 7

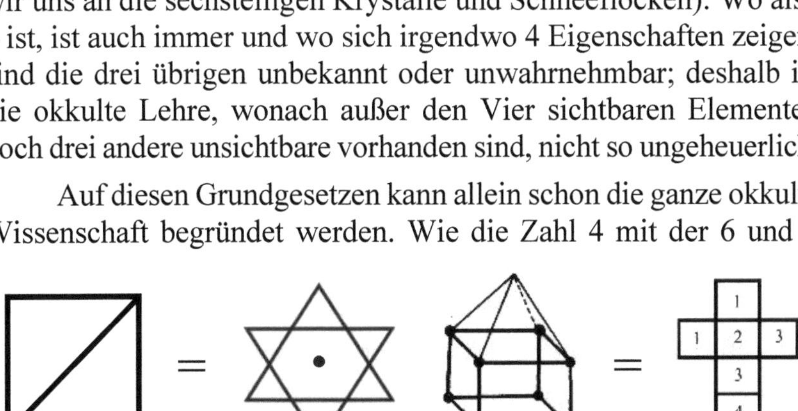

verwandt ist, zeigt die nebenstehende Figur, die des verschnittenen Quadrats (dessen beide Dreiecke ineinandergeschoben sind), und des aufgeschnittenen Würfels. Aus der Zahl 4 entspringt aber nun auch die Fünf, die Zahl der Harmonie; die zwei neutralisierten Gegensätze wirken in der Natur in Harmonie zusammen und nehmen die Vier in sich auf.

Die Fünf bildet somit das Symbol alles Natürlichen, es ist die Grundzahl des Gleichgewichts in der Natur, in der Musik die Quinte, die bei jeder vibrierenden Saite mittönt und sich als Knotenpunkt zeigt, was auch in Farbe und jedenfalls auch in der Chemie seine Entsprechungen hat.

Besonders im Pflanzenreich tritt uns die Zahl 5 sehr häufig entgegen, wie ja dieselbe der besondere Repräsentant alles vegetativen Lebens der Natur ist. Im Tierreich tritt die 5 auf, als die fünf Sinne, noch deutlicher dies beim Menschen; er hat fünf Sinne, fünf Glieder, je fünf Finger. Fünf ist deshalb auch die Zahl des natürlichen vergänglichen Menschen, während der höhere der Zahl 7 entspricht. Aus diesem Grunde ist 12 die Zahl der Vollkommenheit, Geist in Materie vollkommen geoffenbart.

Die Zahl 6 wurde schon besprochen. Sie besteht an sich selbst nicht, da sie die doppelte 3 ist und in diesem Falle wieder die nicht lebensfähige Zweiheit repräsentierte.

Drei ist die Zahl der Form. Wenn man aber zwei Formen zusammenzählt, so erhält man nichts besseres als eben zwei Formen, deshalb finden wir die *Sechs* in der Natur nur scheinbar. Wo sie auftritt, birgt sie immer etwas Siebentes. Die *Sieben* wurde ebenfalls zur Genüge besprochen, die ganze Natur ist von ihr durchwoben und geleitet.

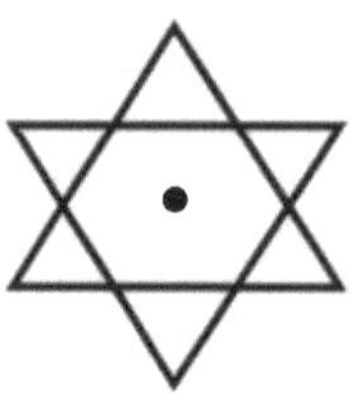

Die *Acht* ist die Zahl des Wechsels, der Zyklen, oder Zeitabschnitte Sie besteht aus zweimal vier. Wenn die Vier, anstatt in ihr die 7 zu erkennen, verdoppelt wird, dann ist sie die Zahl des Todes und des Zyklus (dies bezieht sich besonders auf den Menschen). In der Natur finden wir die Zahl 8 überall als Anfang einer neuen Periode.

Der achte Ton in der Musik ist wieder der erste, das achte Element in der chemischen Tafel ist dem ersten verwandt; und dasselbe gilt auch bei den Lichtschwingungen und den periodischen Zeitabschnitten Wo etwas *Achtes* erzeugt wird, da ist der Tod, da geht es wieder zurück zum ersten.

Die achte Sphäre ist der Ort der Vernichtung. Die Sieben ist nahe verwandt mit der acht und kommt mit dieser zusammen auch häufig vor in der vergänglichen Natur. Deshalb ist die *Sieben* oder, wie auch schon bemerkt, die *Vier* durch die *Acht* vertreten.

Die *Acht* ist aber nicht haltbar; sie wird zur *Neun*, der Zahl der Wiedergeburt, denn wo Tod ist, da entsteht immer wieder ein neues Leben. Sonderbarerweise ist die *Neun* auch das Symbol aller Vervielfältigung oder Vermehrung. Sie bringt nämlich immer sich selbst hervor. Jedes Vielfache von 9 ergibt, wenn die Ziffern quer addiert werden, wiederum 9 oder ein Vielfaches davon.

Der Umfang eines jeden Dinges ist gleich 360 Grad, also ist sein Wert immer gleich 3 + 6 + 0 = 9. Die Zahl 9 ist ein vielfaches von 3, und zwar eine dreifache Dreiheit. In der Natur zeigt sie sich meistens unter dieser Form. Drei ist die Zahl der Form. 6 entspricht 2 x 3 oder zwei Formen. Zwei Formen vereinigt können aber nichts anderes hervorbringen, als wieder eine Form.

Deshalb ist 9 die Zahl der Vervielfältigung in der Natur, oder der Vermehrung und ist in allen Dingen sichtbar und vertreten. Neun spielt auch besonders beim Menschen eine große Rolle in Bezug auf Schicksal und okkulte Wirkungen. Außerdem wurde diese Zahl von jeher für eine Unglückszahl gehalten. Neun Monate ist auch die Dauer der Schwangerschaft beim Menschen.

Zehn ist schließlich wieder die Einheit, die Eins in der Null, welche alle andern Zahlen in sich schließt. Sie ist deshalb das Symbol des ganzen Weltalls und dessen Miniatur – des Menschen. Die Zehn findet sich in der Natur und im Menschen besonders als doppelte fünf, wie ja auch durch die Konstruktion des fünfzackigen Sternes mit fünf Strichen, zehn Punkte entstehen.

Aber noch sinnreicher ist die Zehn in der Natur symbolisiert; nämlich wiederum durch die Eiform (die Eins mit der Null), in welcher alles zu Entstehende vorhanden ist; denn das ganze Streben der Natur geht dahin, aus dem Eckigen das Runde wieder hervorzubringen. Dies ist im Detail in unendlicher Mannigfaltigkeit symbolisiert, indem das Produkt der Fortpflanzung das Ei bildet. So geht der Kreislauf der ganzen Natur und alles Werdens von der Eins zur Zehn, welche in Bezug auf das Vergängliche wiederum eine Eins ist.

Aber die Natur, die nach dem Runden, Eiförmigen strebt, hätte dieses Streben nicht zum Symbol (bei der Eibildung), wenn es nicht irgendwo anders eine Wahrheit wäre; es wäre dieser Vorgang in der Natur nicht angedeutet, wenn er nicht irgendwo einmal verwirklicht werden sollte. Nach dieser Verwirklichung können wir aber nur in den höchsten Erzeugnissen der Natur fahnden, und dies ist der Mensch.

Die ganze Natur geht darauf hinaus (wie dies ja in so unendlicher Weise symbolisiert ist in ihr) die Eiform wieder herzustellen. Dieses Endziel können wir natürlich nicht in den niederen Reichen der Natur suchen und finden (denn dort ist es nur allseitig angedeutet.) Wir müssen es, wie gesagt, in den höchsten Bestrebungen erforschen, im Menschen.

Tatsächlich haben seine höheren geistigen Körper Eiform und haben alle geistigen Intelligenzen, die höher stehen als der Mensch, sphärische Gestalt. Jedes unsterbliche Wesen, das nichts mehr mit Persönlichkeit (Maske) und Geschlecht (Ungleichgewicht) zu tun hat, nimmt sphärische Gestalt an. Der vergängliche Mensch muss also aus der Neun die Zehn machen, d. h. nicht, indem er eine neue Eins entstehen lässt, sondern sich selbst erzeugt, mit andern Worten:

er muss die Begierden überwinden, wodurch er in seinem Kausalkörper (aurisches Ei) bewusst wird.

Dies ist der Weg zur Vollkommenheit, welche durch die Null, den Kreis, dargestellt wird, in welchem alle Zahlen offenbar geworden sind. Nebenstehende Figur enthält vier Dreiecke, welche zugleich auch drei Vierecke bilden. Sie stellt somit auch die Zwölfzahl dar, welche als die Zahl der Vollkommenheit bekannt ist.

Dass nun in diesen wenigen Ausführungen die Symbolik der Natur noch lange nicht erschöpft ist, ist selbstverständlich; um aber Anregung für den Leser zu weiteren Spekulationen zu geben, seien die folgenden Tabellen zur Vergleichung einander gegenübergestellt, woraus gewisse Analogien und Entsprechungen zu ersehen sind, und aus ihrer Kombination und ihrem Ineinandergreifen eine unendliche, aber sinnreiche Mannigfaltigkeit festzustellen ist.

Farben entsprechen bestimmten Tönen und Harmonien, diese gewissen Seelenschwingungen, diese wiederum gewissen Organen, Prinzipien usw. Selbstverständlich sind die Entsprechungen in den nachstehenden Tabellen nicht in dem Sinn aufzufassen, dass z. B. die Milz mit der grünen Farbe und mit Blei und so weiter etwas äußerliches gemein hat, sondern etwa folgendermaßen: *Saturn* hat nach der Lehre der Astrologie eine zusammenziehende, erstarrende Wirkung; *Grün* ist die Farbe der Erstarrung, Verdichtung, was sich besonders in der Pflanzenwelt zeigt, indem die zuerst durchsichtigen oder weißlichen Teile der Blätter usw., sobald sie ans Licht kommen, mit der grünen Farbe undurchsichtiger werden. *Blei* drückt das Trägheitsprinzip am meisten aus.

Die Milz ist nach okkulten Berichten dasjenige Organ im Menschen, welches den Sonnenäther in Nervenkraft umwandelt

I. Grundteile des Menschen	II. Innere Organe des Menschen	III. Sinne des Menschen	IV. Astrologische Planeten	V. Haupt-Metalle	VI. Aggregatzustände der Materie	VII. Töne	VIII. Farben	IX. Grundelemente
1. Allgeist	Leber	Allsinn (Intuition)	Jupiter	Zinn	Äther I	g	blau	unbekannt
2. Geistseele	Lunge	Hellsinn	Merkur	Quecksilber	Äther II	e	gelb	unbekannt
3. Ego (Gemüt)	Nieren	Gehör	Venus	Kupfer	Äther III	a	indigo	unbekannt
4. Tierseele	Geschlecht, Galle	Gefühl	Mars	Eisen	fluidisch (Feuer)	c	rot	Wasserstoff
5. Lebenskraft	Herz	Gesicht	Sonne	Gold	gasförmig (Luft)	d	orange	Sauerstoff
6. Doppelgänger (Traumkörper)	Gehirn	Geschmack	Mond	Silber	flüssig (Wasser)	h	violett	Stickstoff
7. Materieller Körper	Milz	Geruch	Saturn	Blei	fest (Erde)	f	grün	Kohlenstoff

(verdichtet?) – „f“ ist der Grundton der Natur, fasst die anderen in sich (Gefäß), der Geruchsinn tritt mit den materiellsten Ausstrahlungen eines Dinges in Rapport, *Erde* ist das dichteste der Elemente, Kohlenstoff das der Grundelemente, die Grundlage aller organischen Substanzen. (Siehe Tabelle S. 72)

Der Findige, der mit etwas Intuition begabt ist, wird deshalb herausbekommen, dass alle Vorgänge in der Natur nicht zufällig sind, sondern auf einen Grundgedanken zurückgeführt werden müssen, der überall, in jeder Mannigfaltigkeit zum Ausdruck kommt; dass folglich alle Dinge und Vorgänge in der Natur nur Symbole (Widerspiegelungen) dieses Grundgedankens sind; Symbole einer ewigen Wahrheit in der geistigen Welt, Symbole von Vorgängen in der Weltseele.

Die ganze Welt ist auf Ideen aufgebaut. Das Zeitliche, Räumliche ist der Ausdruck des Ewigen, wie schon zur Genüge bemerkt. Alle Dinge, seien sie noch so vergänglich, bergen deshalb etwas Ewiges, Unveränderliches in sich, nämlich den göttlichen Allgeist. Experimentell ist dies nicht nachzuweisen. Immerhin ist aber auch äußerlich allen Dingen der Stempel des Unendlichen aufgedrückt. Betrachten wir nur die Gesetze der Proportion, oder Gliederung in der Natur. Das größere Glied verhält sich zum Ganzen immer wie das noch kleinere zum größeren.

Daraus ergibt sich, dass das größere Glied weder die Hälfte noch zwei Drittel des Ganzen ausmachen darf, sondern ein dazwischen liegendes Maß einhält und zwar ein Maß, das man wohl mit Zirkel genau abmessen und konstruieren kann, das sich aber nie durch Zahlen genau bestimmen lässt, man mag sich soweit in die Brüche verlieren, als man will. Aber der Natur gelingt es. Mit was arbeitet sie? Wie arbeitet sie? Wie entfaltet sie? Wir sehen deutlich und klar heraus, dass sie nicht mit Teilchen arbeitet, mit Einteilungen, da sich doch das Unendliche nicht einteilen lässt.

Das, was wir *goldener Schnitt* nennen, wird von der Natur nicht erst hervorgebracht durch eine bestimmte Proportion der

Teilchen (denn die Verhältniszahl der Glieder beruht ja auf dem Unendlichen), sondern dieser goldene Schnitt kommt dadurch zustande, dass eben das Ewige, Unendliche, der Geist sich in Raum und Zeit offenbart, also von vornherein aller Entfaltung ausgedrückt ist, was beweist, dass das Materielle der Ausfluss des Geistes ist, dass der bewusste Geist die Formen aufbaut; und damit ist der Materialismus geschlagen.

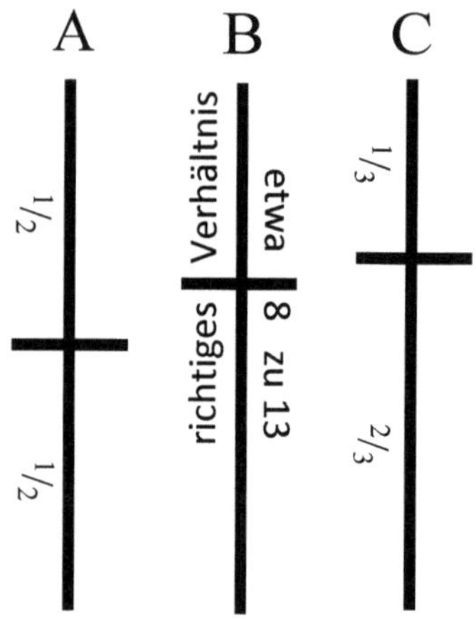

Zur näheren Auseinandersetzung stellt sich Verfasser gern zur Verfügung. Auch die Verhältniszahl des Kreis-Umfangs zum Durchmesser ist ein unendlicher Bruch, was uns dieselbe Geschichte erzählt. Wir ersehen aus allem, was bis jetzt gesagt wurde: die Schöpfung der Welt ist nur ein Schattenwerfen des Ewigen, Absoluten; das, was wir für real halten, ist nur Spiegelung, ist nur das Herausgehen aus dem Gleichgewichtszustande. Der Ungleichgewichtszustand wird für uns Phänomen, ist aber in Wirklichkeit Illusion. Auf dieser Illusion hat die materialistische Wissenschaft ihr Schloss aufgebaut. Der Gleichgewichtszustand ist allein Wirklichkeit, Wahrheit, Nirvana (Nirgendswahn). In diesen Zustand werden einst alle Wesen wieder eingehen, wenn diese Welt ihrer Auflösung entgegengeht. Aber keineswegs ist dieser Zustand identisch mit Vernichtung, wie so vielfach behauptet wird, sondern es ist das Einswerden mit dem All.

Um dies zu erkennen, braucht man nicht zu fantasieren; es genügt übrigens ein einfaches Symbol aus der Natur, wenn es an höherer Erkenntnis gebricht. – Zwei Saiten eines Klaviers ergeben, wenn sie genau gleich gestimmt sind, einen einzigen ununterbrochenen Ton, und das Gehör lässt nicht urteilen, ob er aus einer oder

---

*) Anmerkung: B stellt das Gliederungsverhältnis der Natur dar.

mehreren Saiten entspringt, weil eben die Schwingungen gleichlaufend sind. Wird nun an dem Wirbel die geringste Drehung vollzogen, so wird eine Verschiedenheit der Schwingungen verursacht, was für das scharfe Ohr als ein peinlicher Durcheinander erkannt wird.

Der eine Ton ist gebrochen und damit die Unruhe, das Ungleichgewicht hervorgebracht, die Zweiheit, die Vielheit. Wollte nun jemand behaupten, dass dieses Durcheinander der Schwingungen der wesentliche Ton ist? Es ist nur Phänomen. Nur die ihnen zugrunde liegende Einheit ist wirklich! Und nun wird auch niemand behaupten wollen, dass, wenn die Saiten wieder gleichgestimmt werden, selbige aufhören, zwei Saiten zu sein.

Will der Leser dies Experiment noch deutlicher sehen, so gehe er in ein physikalisches Institut, dort wird er in einem Kasten zwei Messingzungen angebracht finden, die durch Blasebalg in Schwingung versetzt werden. Sie sind gleich gestimmt und ergeben einen einzigen ununterbrochenen Ton. Versucht man nun, durch eine dort angebrachte Schraube die eine Zunge um ein geringstes zu verkürzen oder zu verlängern, so entsteht eine Unterbrechung des Tones, die beim Weiterschrauben stetig zunimmt, schließlich wird aus dem schönen, lang gedehnten Ton ein scheußliches Gehack und man kann den ursprünglichen Ton fast nicht mehr unterscheiden ; ein wirres Durcheinander.

Die Schwingungen der beiden Zungen neutralisieren sich gegenseitig, sie fressen den Ton auf, und da haben wir die Schlange, die sich in den Schwanz beißt, *der Zweiheit wähnender Gedanke*. Das Phänomenale ist geboren, aber die Wesenheit wird dadurch verschluckt, wird verborgen (okkult) und dies ist auch der Grund, warum der am Irdischen hängende Mensch die Wahrheit nie sehen kann.

Das Nichtsein ist Wirklichkeit; hat der Mensch eine gesunde Leber, gesunde Nieren, so spürt er nicht, dass er welche hat, und doch sind sie vorhanden und absolut unentbehrlich. Aber erst wenn in ihnen eine Disharmonie (Krankheit) entsteht, treten sie für sein niederes empfindendes Bewusstsein ins Dasein. Wird das Ungleichgewicht wieder gehoben, dann tritt an Stelle des Phänomens Wohlbefinden. Dies ist etwa ein Beispiel für das Eingehen des Bewusstseins in die große Allharmonie.

Aber der Zweifler wird auch dies nicht begreifen und glauben, selbst wenn er es tausend und abertausend Mal angedeutet findet in der Natur; denn er wird behaupten, man könne in der Natur auch ebenso gut das Gegenteil angedeutet finden. Zugegeben; freilich kann der Blinde alles mögliche und unmögliche aus der Symbolik der Natur herausbuchstabieren; deshalb kann das Gesetz der Analogie nur in zweiter Linie angewendet werden, kann denjenigen nicht gut zur Erkenntnis führen, der nicht innerlich die Wahrheit mitfühlt.

Er muss warten, bis gewichtige Lebenserfahrungen ihm den inneren Quell der Intuition wachküsst. Wir wenden uns daher mit der nachfolgenden praktischen Anwendung obiger Wahrheit an solche, die für sie empfänglich sind. Um den höchsten Bewusstseinszustand, die nirvanische Ruhe, selige innere Stille zu erlangen, müssen wir die Zweiheit in unserem Geiste überwinden, was besonders bei der Meditation zu beachten ist.

Dies geschieht nicht, indem wir die bösen Kräfte und Elementals, wann sie uns verfolgen, zu töten suchen, sondern indem wir uns mit ihnen wesenseins fühlen, denn ihrem Wesen nach sind sie ein Teil von uns. Durch diesen Akt werden diese Kräfte umgestimmt, mit uns gleich gestimmt; sie werden nicht vernichtet, sondern gehen in unser Wesen ein, geben uns ihre Kraft ab. Bös verwandelt sich in Gut, wenn der Gegensatz aufgehoben wird. In gleicher Hinsicht werden wir uns bemühen, böse Gedanken, die von andern Menschen gegen uns gehegt werden, nicht zu erwidern, sondern uns mit dein Guten, das auch dem Bösen zugrunde liegt, zu identifizieren, wesenseins zu fühlen (Verzeihung), wodurch alles *böse* zu *gut* wird, wodurch wir vor jeder finstern Macht geschützt sind.

Ende